L'art d'être Agent de Footballeurs

Clés pour se distinguer dans une profession passionnante

Paúl Fraga

Copyright 2014 Paúl Fraga

À mon père

À Emilie.

À ma mère où qu'elle soit

Table des matières

PARTIE I. COMPRENDRE LA PROFESSION D'AGENT DE FOOTBALLEURS 1

1. INTRODUCTION 1
2. QUE FAIT UN AGENT DE FOOTBALLEURS? 5
3. PROFESSION VS DÉVOTION 10
4. QUESTION D'APTITUDE ET D'ACTITUDE 13
   a. SE TRANSFORMER EN LEONARD DE VINCI 14
   b. LA MAITRISE DE SOI 16
   c. AUTODISCIPLINE 17
   d. TOLÉRANCE À LA FRUSTRATION 19
   e. LA PACIENCE PAIE... ET LA TÉNACITÉ INTELLIGENTE AUSSI 21
   f. CE QU'UN AGENT DE FOOTBALLEURS NE DEVRAIT PAS ÊTRE 24

PARTIE II – CE QUI EST ATTENTU D'UN AGENT DE FOOTBALLEUR 27

1. MARQUE PERSONNELLE 28
2. ENTREPRISE DE CONSEIL UNIPERSONELLE VS AGENCE 31
3. ASPECT COMMERCIAL 34

4. LES BONS FOOTBALLEURS SE VENDENT (ET VENDENT) TOUT SEULS 37

5. NOTORIÉTÉ ET VISIBILITÉ 40

6. CONTACTS: UNE QUESTION DE TEMPS ET DE DÉVOUEMENT 41

7. RELATIONS ET TECHNIQUES DE VENTE 42

8. CRÉDIBILITÉ 46

9. NÉGOCIATION 50

10. CONTRATS 58

11. ACTIVITES COLLATERALES 61

12. GESTION DU PATRIMOINE 63

13. RETRAITE FOOTBALLISTIQUE 79

PARTIE III. CE QU'UN AGENT DE FOOTBALLEURS DOIT SAVOIR 84

1. DO YOU SPEAK ENGLISH? 86

2. DISCRÉTION 88

3. L'AGENT ET LA FORMATION DU FOOTBALLEUR 89

PARTIE IV. CONCLUSIONS 92

PARTIE I. COMPRENDRE LA PROFESSION D'AGENT DE FOOTBALLEURS

1. **INTRODUCTION**

Je ne sais pas pour vous, mais moi, chaque fois que je consulte la littérature sur la représentation des footballeurs, je ressens la même chose. La seule chose que je trouve c'est tout un tas de livres, assez épais (je dois dire d'ailleurs), avec le pas à pas pour devenir agent de joueurs. Rien de plus. Juste cela. Ils ressemblent à des manuels. Une série de données objectives et des règles générales que vous devez savoir et apprendre, mais cela ne vas pas plus loin. Ils sont gris, neutres, impuissants. Ils ne se mouillent pas.

C'est comme le Droit. Une chose est apprendre le Droit et une autre est pratiquer le Droit. Comme dit José Hermida, ami et expert en communication, "il s'agit de livres qui vous donnent une boîte de conserve, mais qui néanmoins ne vous donne pas l'ouvre boite." Et c'est pourquoi, moi, avec ce livre, je veux être votre ouvre-boîte.

C'est le livre que j'aurais aimé lire quand j'ai commencé dans ce métier. Vous ne souhaiteriez pas qu'en plus d'expliquer en QUOI consiste la profession, quelqu'un vous explique COMMENT l'exercer? Si c'est le cas, il s'agit là de votre livre.

Pouvez-vous imaginer comment vous vous sentiriez si vous pouviez savoir ce que vous allez trouver dans ce métier? Si vous saviez comment éviter les erreurs? Comment vous sentiriez-vous si vous découvriez les clés de la profession et que vous disposiez des bons outils?

Les réponses à vos questions vous les trouverez tout au long des pages suivantes. J'ai du souffrir moi-même pour pouvoir maintenant l'expliquer. Je vous dirais comment tirer profit des questions importantes et comment éviter les erreurs que j'ai faites et que je ne veux pas que vous fassiez. Êtes-vous prêt? Aller on y va!

Je commencerais par vous dire que je suis passionné par mon métier. Je trouve cela très réconfortant. S'il vous a traversé l'esprit la possibilité de faire cette profession, je vous invite, vraiment à faire un pas en avant, à être courageux et à vous engagez avec votre souhait. Mais vous engager vraiment, car ce qu'on appelle l'engagement vous sera nécessaire en abondance. Et c'est quelque chose qui s'impose par soi-même, cela ne s'achète pas.

Tout le monde parle des avantages, de l'attraction, du *sex-appeal* en fin de compte, d'être agent de joueurs. Et tout le glamour que cela soulève. Je ne vais pas entrer dans le débat de si cela l'est ou pas. Cela m'est indifférent. Ce qui si m'importe, et que je veux vous transmettre est que tout ce qui brille n'est pas de l'or. Rien n'est plus éloigné de la réalité. Je ne veux pas être décourageant. Je vais vous expliquer.

Être agent de joueurs pourrait ressembler à un canard, calme en surface, mais infatigable en sous-marin. C'est une très belle activité, différente, spéciale, *sui generis*, mais nous parlons aussi d'une activité idéalisée par certains, et bafoué par d'autres. Qui n'a pas entendu parler de temps en temps du fait que les «agents sont des voleurs qui ne se soucient que d'eux-mêmes"? J'ai entendu cela de nombreuses fois et je suis sûr que vous aussi. Certes, il est vrai qu'il existe de tout, mais il s'agit ni plus ni moins de que ce que vous pouvez trouver dans n'importe quelle autre profession.

Etre agent est une vocation qui a pour combustible la passion. Le chemin est tortueux, plein d'obstacles et de problèmes (moi je les ai eu, et j'en verrais d'autres). Et c'est là que vous ferez valoir votre engagement. Sans lui, vous pouvez oublier, vous abandonnerez. Je l'ai vu plusieurs fois. Ou pire encore, vous vous "simplifierez" dans l'exercice de la profession et vous serez victime du court terme. Tout cela à cause de l'impatience et du désespoir. Mais c'est une autre histoire que nous aborderons plus tard.

À ce point là, je vais m'approprier une expression de Friedrich Nietzsche qui dit **"si vous avez la raison vous trouverez la solution"**. C'est très vrai. Avec un objectif clair, les opportunités apparaissent de manière spontanée. Maintenant, si vous cherchez à cueillir les fruits sans payer le prix, vous tomberez dans le désespoir à la moindre complexité. Vous devez apprécier le voyage. En ce qui me concerne, je suis vraiment heureux de payer le prix. Même si je vous reconnais que cela à pris du temps pour que j'y prenne goût.

Quand j'ai décidé d'écrire ce livre, je ne voulais pas être prétentieux. Pas du tout. Je voulais plutôt donner une série de pincées pour que celui qui lirait ce livre puissent se faire une idée de ce que c'est d'être un agent de joueurs, d'un point de vue pratique. Pour que des gens comme vous, puissent aussi voir plus clairement ses exigences et ses particularités, et ce qui est encore plus important pour moi, je voulais donner ma vision particulière de ce qu'est un bon agent. Il ne s'agit, bien sûr, pas d'une vérité absolue, mais si de ma vérité, personnelle et non transférable. Si vous allez jusqu'à la fin du livre vous aurez l'opportunité de savoir si vous partagez ma vision ou pas.

Tout au long du livre, je vais faire le tour des différentes questions que doit traiter un agent, et la façon dont, à mon avis, vous devriez le faire. Nous parlerons de la polyvalence, de la spécialisation, de la formation, de l'équilibre, de la force mentale, et même de langues. Et bien sûr de gestion. Dans tous ses aspects.

Quoiqu'il en soit, j'espère que ce qui suit s'avérera pour vous intéressant et bénéfique. Il m'a fallu du temps pour me rendre compte de beaucoup de choses et je veux que vous passiez directement par la voie rapide.

2. QUE FAIT UN AGENT DE FOOTBALLEURS?

Il m'arrive très souvent, la même chose. Chaque fois que je sors pour déjeuner ou dîner avec des amis, ou même des repas de famille, chaque fois qu'ils me demandent ce que je fais dans la vie et que je leur réponds que je suis agent de joueurs, la première chose qu'ils me disent est: C'est cool cà ! et ensuite c'est toujours la même question: Mais un représentant des joueurs, qu'est-ce qu'il fait? La question du million de dollars. Je n'ai jamais compris. Ils trouvent cela hallucinant d'être agent quant ils n'ont aucune idée de ce que c'est. C'est la profession idéale pour les soirées et les anniversaires. Cet épisode m'est arrivé fréquemment et je ne pense pas que je sois le seul à qui cela arrive.

Je te dirais qu'un agent de joueurs aide son client (joueur ou club) pour tout ce dont il a besoin et demande, et il reçoit une rétribution pour cela.

Maintenant, vous vous demanderez en quoi consiste l'aide et la rétribution. A ce stade, nous devrons faire une distinction entre l'officiel et l'officieux.

L'officiel établit que l'agent se dédie à la négociation des contrats pour le compte d'un joueur et touchent un pourcentage du contrat brut négocié. Il est vrai aussi que l'agent de joueurs peut également travailler pour un club concret sujet à un mandat déterminé. Dans ce cas, c'est le club lui-même qui détermine la rémunération à verser pour les services rendus.

Si vous avez dans la famille un lecteur régulier de presse sportive qui n'est pas satisfait de l'explication officielle (ils ne le sont presque jamais) vous pouvez toujours dire qu'en ce qui concerne le non officiel, les variables sont nombreuses et variées, et dépendent de chaque cas (pourcentage du transfert et contrats de publicité, etc.). Comme ça il sera peut être satisfait. Moi, pour l'instant, je ne l'ai pas réussi. J'espère que vous aurez plus de chance.

Continuons. Habituellement l'agent signe un accord de représentation, exclusif ou pas, avec le joueur pour une durée maximale de deux ans (maximum officiel). C'est le joueur lui-même qui devra officiellement payer son agent directement selon le pourcentage convenu (généralement 10%). J'insiste beaucoup sur le mot «officiellement» parce que, par exemple, dans ce cas concret, c'est généralement le club recruteur qui paie directement l'agent. Outre d'autres questions, cela se passe ainsi pour ne gêner le jouer avec des questions fiscales, qui en fin de compte est votre client.

C'est ça, imaginez que vous ayez signé un accord avec votre client qui, en échange de vos services vous paiera 10% du contrat brut négocié. Si on appliquait l'officiel, en tant qu'agent, vous devriez passer une facture à votre client pour un montant de 10% du contrat, mais il faudrait y ajouter le pourcentage de TVA. Par conséquent, votre client en tant que personne physique, il est à son tour, l'ultime bénéficiaire des services fournis, et devrait supporter le taux d'imposition sans possibilité de déduire cette TVA. Donc, de cette manière, le joueur paie beaucoup plus que le simplement convenu.

Il est également vrai que, généralement, et à certains niveaux, les joueurs ont leurs propres entreprises pour, entre autres choses, gérer leurs droits d'image, et donc dans ce cas ce serait différent. Cependant, gardez en tête ce que j'ai expliqué avant pour simplifier les choses.

Ainsi, pour ne pas nuire aux intérêts du joueur, l'agent a tendance à arriver à un accord avec le club recruteur pour que ce soit ce dernier qui fasse face à la rémunération de l'agent par mandat exprès du joueur. Ainsi, le recruteur considère le montant reçu par l'agent comme partie de la masse salariale totale du joueur. Et sans que cela affecte des questions fiscales telles que la TVA, étant donné que le club en tant que société peut déduire la TVA.

A ce moment-là, je vais faire une distinction entre ce qu'est l'agent de joueurs et ce qui est communément connu sous le nom d'un intermédiaire. J'ai une opinion à ce sujet. Il est vrai que les agents de joueurs travaillent souvent comme des intermédiaires, c'est à dire en utilisant ses contacts et en servant de liaison entre ce qu'on pourrait appeler l'offre et la demande.

Cependant, tel que je comprends la profession, je ne considérerais pas cette performance comme une question faisant partie de la définition de l'agent. Disons qu'**il y a beaucoup d'agents qui travaillent également comme intermédiaires, mais tous les intermédiaires ne sont pas des agents**. En fait, lorsque nous parlons de cette profession, nous parlons d'une activité où tournent de nombreux intrus obnubilés par les grands chiffres utilisés dans ce business. J'espère que vous n'êtes pas l'un d'eux.

Il ne faudrait pas non plus simplifier l'activité des agents de joueurs comme un simple «trouveur» d'équipe. Il s'agit clairement d'une question importante, cependant, en dépit d'être nécessaire, elle n'est pas suffisante. Je ne voudrais pas la simplifier ainsi. Ceux qui se concentrent exclusivement sur cela, et négligent les autres questions, sont souvent les personnes éblouies par le profit rapide, communément appelé «gros coup». Il est cependant vrai qu'ils existent mais ils ne sont rien de plus que du «bruit» dans cette profession.

Les partenariats entre différents agents sont également très fréquents. Ils arrivent à des accords ponctuels et organisés pour maximiser les chances de succès, réunissant les différentes capacités de chacun des agents.

Un autre sujet auquel nous devons accorder une attention particulière. Au moment d'écrire ces lignes, pour être agent, il faut passer un examen réalisé par les différentes associations nationales de football. Officiellement, obtenir cette accréditation est un requis obligatoire pour effectuer ce travail.

Cependant, mis à part les agents dûment autorisés, sont également autorisés à développer légalement cette activité les membres de la famille directe comme les parents, les frères et sœurs. Avec tout cela, on ne peut pas ignorer les préférences de celui qui est, après tout, la personne la plus importante: le footballeur.

Quels que soient les obstacles qui peuvent apparaître dans l'exercice de cette activité, je comprends qu'on ne peut rien faire si un joueur décide de faire confiance à quelqu'un qui n'a pas l'accréditation nécessaire. C'est comme ça. Cette profession est basée sur des relations de confiance. Tout le reste est secondaire. Même les formalités.

Actuellement, la possibilité de réglementer à nouveau cette activité est étudiée, donnant une autre tournure qui pourrait provoquer une autre secousse à l'activité à laquelle il faudra s'adapter et s'habituer. Nous verrons bien ce qui se passe.

3. **PROFESSION VS DÉVOTION**

Le commun des mortels a absolument idéalisée la profession d'agent de joueurs. Les gens ont tendance à ne voir que le résultat final obtenu par certains à travers les médias. De grands noms, de grands transferts, un gros chiffre en fin de compte (c'est pour ça que c'est la profession idéale pour des soirées, anniversaires et repas de famille). Cela étant dit, ce n'est pas ce qui est fréquent. Faire un jugement de valeur de cette profession en ne soulignant que le résultat final, en plus de dénoter un manque total de connaissances comme si les pommes rouges et appétissantes se fabriquaient en série.

J'espère que ce n'est pas votre cas, mais si ça l'est, je suis désolé de vous décevoir parce que ce à quoi ressemble un agent, est précisément le point opposé. C'est très proche d'un travail artisanal. Il faut semer, arroser et faire pousser. Ce que vous voyez est l'arbre, mais pour le voir comme cela l'important c'est ce qui n'est pas visible: les racines.

Être agent de joueurs est plus proche d'une course d'obstacles, sans revenus réguliers tout au long du chemin. Cela s'avère souvent comme un acte de foie propre au travail dans l'ombre qui se fait de nombreux mois durant sans avoir la moindre idée de si vous faites les choses bien ou mal.

Plus précisément, **la captation de joueurs est une simple tentative de capitaliser sur un pari**. C'est aussi très proche de la bourse. Vous voyez les valeurs, étudiez les comportements passés, devinés les tendances, sélectionnez en fonction d'innombrables variables et attendez des futurs comportements.

Et la valeur / joueur peut faire deux choses: grimper ou descendre, avoir raison ou avoir tord, le succès ou l'échec. Un pari absolument étudié et médité mais imprévisible. Avec une différence fondamentale avec la bourse. Alors qu'avec la bourse la possibilité d'obtenir une valeur existe toujours à un certain prix fixé par l'offre et la demande, dans la captation d'un joueur cette variable n'existe pas. Vous l'obtenez en totalité ou pas du tout. Il n'y a pas de division de joueur. Vous ne pouvez pas obtenir la jambe gauche, la main droite et le sourcil. Vous me comprenez.

Plus encore, la crédibilité et la concurrence influencent définitivement quand il s'agit d'obtenir un joueur. En bourse, il n'y a pas de concurrence en tant que telle. Elle existe, bien sûr, mais d'une manière différente. En bourse les grandes quantités gérées par la concurrence peuvent varier en fonction du comportement d'une valeur. Dans le football, dans la captation de bons joueurs, les agents qui ont un plus grand pedigree gagnent le joueur. Un point c'est tout. Cette question est une grande barrière d'entrée. Tout un défi.

C'est pourquoi ce n'est pas une simple profession. Elle doit vous éblouir, vous fasciner. Cela doit être un dévouement absolu. Sinon, vous êtes perdu. Vous abandonnez au premier obstacle. Et comme je l'ai expliqué, il n'y a pas d'obstacles, il n'y a que des énormes gouffres qui vous séparent de vos objectifs.

Sans passion pour ce travail, il est impossible de résoudre les problèmes, et très difficile de rester concentré sur les objectifs proposés. Vous êtes absolument condamné à aimez le chemin à parcourir. C'est comme dire que vous devez apprécier les revers et les frustrations. Eh bien, oui. C'est le cas.

Soyez cohérent. Le succès se forge en ne faiblissant pas, insister, faites confiance à votre instinct, en vos capacités et en votre travail. Et celui qui agit ainsi obtient ce qu'il veut. Comme disait Churchill: **"Le succès c'est d'aller d'échec en échec sans se désespérer"**. Il s'agit d'un travail basé sur l'observation, l'instinct, le savoir-faire et surtout sur la crédibilité. Vous me suivez? Note ce mot qui est peut-être le plus important qu'il y ait dans ce livre.

Maintenant, vous pourriez vous poser la question suivante: Mais comment vais-je avoir de la crédibilité aux yeux des autres si aucun joueur footballistiquement intéressant ne me donne la possibilité de démontrer que je suis digne de cette crédibilité, et par extension, de confiance? On devrait avoir confiance en soi-même et la ténacité nécessaire pour le décrypter.

Cependant, tout ne s'arrête pas là. Si vous commencez tout juste et que vous avez eu la chance et la capacité de capter le joueur qui vous intéressait vraiment, généralement en catégories inférieures, je vous recommande de ne pas baisser la garde, car s'il y a une magnifique opportunité pour que ton joueur se fasse remarquer, il est plus que probable qu'il attire l'attention de ces agents de plus grande crédibilité, notoriété, popularité, etc… et qu'ils tentent de s'approprier votre joueur. Il ne faut pas être très intelligent pour se rendre compte qu'au minimum votre client va les écouter. Ne vous leurrez pas. C'est comme ça. D'où l'importance de créer de la valeur.

Mais il y a toujours une première fois et pour l'obtenir, vous devez être têtu, batailleur, intuitif, courageux, perspicace et essentiellement un grand professionnel. D'où la nécessité de vouer une véritable dévotion à cette activité. Parce que débuter coûte cher. Même si la dévotion et la constance sont atteintes. Je vous l'assure.

4. <u>QUESTION D'APTITUDE ET D'ACTITUDE</u>

Être un bon agent est essentiellement une question d'attitude, mais aussi d'aptitude. Comme dans les autres professions, si, aujourd'hui, vous voulez être quelqu'un d'important dans ce monde, vous devez être un grand professionnel et être différent. C'est le péché capital que de nombreux nouveaux agents commettent.

Très souvent, de nombreux agents qui décident d'entreprendre cette nouvelle aventure commencent euphoriques, éloignés par des connotations incluent dans cette profession, et dans le fond, ne connaissent pas les particularités et les vicissitudes du business. Il ne suffit pas d'y être. Il ne suffit pas d'avoir la licence. Il ne suffit pas de présumer ou de s'auto-promouvoir. Cette attitude n'a pas beaucoup de futur.

Il suffit de gratter un peu pour réaliser que tout est en papier mâché, comme si c'était un décor de Disney. Il faut regarder au delà. Vous devez être très bon dans ce que vous faites.

a. <u>SE TRANSFORMER EN LEONARD DE VINCI</u>

"Ceux qui tombent amoureux de la pratique sans théorie sont comme des pilotes sans gouvernail ni boussole, qui ne pourront jamais savoir où ils vont". Leonardo Da Vinci.

En ces temps qui courent, on nous rappelle systématiquement l'importance de la spécialisation. Il est essentiel d'être bon sur un sujet. Que savoir de tout ne mène absolument nulle part. Eh bien. Je n'achète pas cet argument. En tout cas pas en ce qui concerne être un agent de joueurs. Nous parlons plutôt du contraire. Spécialisez-vous dans l'activité, pas dans la connaissance! Attention, rien ne sert de savoir beaucoup d'un sujet en particulier, mais vous devez savoir un peu de tout, même si plus tard, il faut sous-traités des services.

Vous devez savoir de football, oui, mais aussi de ventes, de finance, de psychologie, de droit, etc. Et c'est là qu'une grande quantité de nouveaux agents se trompent. Ou bien tout simplement cela ne les intéressent pas.

Une bonne formation générale et pluridisciplinaire est indispensable pour être un bon agent. Si non, vous n'êtes pas un agent avec un A majuscule, vous êtes un simple commercial, un intermédiaire. Et cela, sauf dans le cas de grands et renommés agents, c'est ce qui transforme ce métier, plus souvent que désiré en un " bain de sang ". Un endroit où l'on rencontre un grand nombre de personnes qui ne créent pas de valeur ajoutée. Tous essaient de faire la même chose. Médiation. Claire et simple. Ils se sont transformés en commodities. Et donc en personnes invisibles. En marques blanches. Ils font ce que tous font. Ils n'apportent rien de spécial. Ils "se tuent " entre eux. **Et un agent de joueurs en toutes lettres doit apporter de la valeur, il doit se démarquer par son professionnalisme, il doit se démarquer de ce «bain de sang " pour passer à un "océan bleu".** Il doit être capable de fournir à son client un excellent service d'un point de vue multidisciplinaire. Et pour cela, **il faut se former continuellement**.

Si vous ne le faites pas, si vous ne vous former pas, vous êtes condamnés à devoir croire constamment ce que les gens vous disent. Parce que vous ne savez absolument rien de ce qu'on vous raconte. Et cela n'est pas bon.

Si vous avez l'intention d'être un bon consultant vous devez toujours savoir ce qui se fait. Avoir une telle formation qui vous donne le critère suffisant pour déterminer si ce qui se passe ou ce qu'on vous dit est bon, mauvais ou susceptible de quelques modifications. Sinon, vous êtes vulnérable à tout sujet que l'on peut vous planter. N'importe lequel. Et c'est peut-être le début de la fin pour votre client et pour vous. Il existe d'innombrables cas de sportifs ruinés pour s'introduire dans des sujets que ni lui ni son agent ne connaissaient. Par conséquent, conseillez bien, apprenez continuellement. Connaissez.

b. <u>LA MAITRISE DE SOI</u>

"L'homme le plus puissant est celui qui est entièrement maître de lui-même". Aristoteles

La maîtrise de soi est une autre question clé. Il est impossible de bien conseiller votre client si vous n'avez pas cette capacité. **Il faut faire preuve de beaucoup de tempérance et d'équilibre.** Vous devez savoir comment bien gérer les innombrables épisodes d'anxiété par lesquels vous serez obligés de passer.

Cette profession se caractérise par le grand nombre de moments d'attente. D'attente active. Mais d'attente. N'oubliez pas que comme agent que vous êtes, vous n'êtes qu'un échelon de plus dans ce monde professionnel. Souvent, vous devrez faire de nombreux appels, écrire de nombreux emails pour être ensuite, systématiquement, obligé d'attendre des réponses et des ratifications qui n'arrivent jamais. Cette profession est une profession de savoir attendre, de ne pas désespérer, de savoir comment gérer les temps pour respecter la fine ligne qui sépare le fait d'être ténu ou d'être lourd. Et ce n'est pas une ligne facile à respecter car il entre souvent en jeu un grand ennemi de cette profession appelée anxiété.

Si dans votre cas, vous souffrez régulièrement d'anxiété, je suis désolé. Moi-même, j'ai dû apprendre à la contrôler, mais si vous voulez survivre dans ce métier il faut savoir comment la gérer. Il faut savoir projeter une image sereine, la procession doit rester intérieure. L'anxiété il faut savoir l'internaliser. Ne pas la laisser sortir. Si vous ne le faite pas, cela vous trahira et affectera irrémédiablement votre image personnelle et donc votre crédibilité. Encore une fois, vous devez avoir en tête le mot: crédibilité. Je vous la répéterai plusieurs fois dans le futur. Elle est essentielle.

c. <u>AUTODISCIPLINE</u>

"La seule discipline durable est l'autodiscipline". Bum Phillips

En tant qu'agent autonome, personne ne te dira ce que vous devez faire, ni comment vous devez le faire, ni si vous le faites bien ou mal, ni à quelle heure vous devez vous lever ou vous coucher, ni combien d'heures vous devez y dédier, ni quels matchs voir, ni qui. Oubliez ça. Cela ne fonctionne pas comme ça. C'est vous qui devez organiser et établir votre feuille de route. Vous et personne d'autre. Et ce qui est plus difficile encore, vous devez vous engager à respecter tout ce que vous vous êtes proposé, et également essayer d'atteindre les différents objectifs qui ont été établis tout au long du chemin.

Vous n'aurez pas un "œil qui voit tout" qui sera là pour vous marquez des lignes directrices et vous corriger s'il considère que vous vous trompez de route. Ce rôle paternaliste que tout le monde déteste quand il existe et regrette quand il n'est pas présent et qui vous rend impuissant. Ne recherchez pas l'approbation parce que personne ne vous la donnera. Et si quelqu'un vous la donne, méfiez-vous, parce que, ou il n'a pas la moindre idée ou alors s'il sait, il ne vous aurait pas donné son approbation parce que dans ce cas il l'aurait fait directement lui-même.

C'est vous, votre confiance, votre avis, vos objectifs et votre feuille de route. Prêt. Ai-je mentionné qu'il faut une véritable passion pour ce métier? J'espère que vous vous rendez-compte au fur et à mesure que nous avançons. **Sans passion l'exercice de l'autodiscipline, du contrôle de soi est stérile**. Maintenant, si vous débordez de passion, vous pouvez bannir à jamais les excuses ou les justifications. Quelqu'un a dit avec sagesse qu'**avec les excuses les erreurs disparaissent**. Si vous voulez quelque chose, cherchez le, ne vous limitez pas à le désirer. Fixez-vous un plan lancez-vous. Il n'y a rien d'autre Mais ce plan, c'est vous qui devez l'élaborer dans le temps et la manière que vous le souhaitez, et avec les modifications que vous considérez nécessaires. Mais tout cela sous votre responsabilité. Il n'y a pas d'oracle pour ça. Faîtes vous à l'idée.

d. TOLÉRANCE À LA FRUSTRATION

Tom Watson, fondateur d'IBM a dit: "*Si vous voulez réussir multipliez votre taux d'échec*". Moi j'ajouterais: et ne pas succomber à eux. En développant l'aspect commercial de cette profession la plupart du temps on échoue. Assumez-le. C'est comme ça. Mais comme je l'ai dit plus tôt, Churchill disait que le succès est d'aller d'échec en échec sans se désespérer. Je suis tout à fait d'accord.

Ce qui est intéressant dans l'affirmation de Churchill est ce que vous pouvez lire entre les lignes. Pour aller d'échec en échec sans se désespérer, il y a des choses inséparables et inhérentes, que Churchill ne mentionne pas, mais qu'il laisse de côté. Et c'est que d'aller d'échec en échec est une condition nécessaire pour pouvoir se relever de chacun de ces échecs. Ou, si vous le préférez, de chacune de ces frustrations. Il est vrai que la frustration naît de l'attente. Attentes, que d'autre part, vous vous plantez. Et c'est comme ça que cela doit être. Parce qu'avoir des attentes est un signe certain que vous avez des objectifs. Et c'est très bien. Mais sachez que la route est alambiquée.

La ligne droite ne fonctionne que rarement. Nous devons apprendre à surmonter les obstacles et à prendre des courbes. **Le plus difficile ce n'est pas de faire. Le plus difficile est d'être.** Soyez prêt mentalement à ce que les frustrations soient une variable très importante, et très présente dans ce jeu. Mais cela ne doit pas vous arrêter. On obtient toujours ce que l'on se propose si on a la volonté, la détermination et le courage de ne pas faiblir jusqu'à ce qu'on réussisse. Mais la route est difficile et il faut être prêt mentalement.

On pourrait résumer cela ainsi: "**si ce n'est pas pour vous, ce ne le sera pas même si vous essayer, mais si c'est pour vous, cela le sera même si vous vous retirer**". J'espère que c'est clair. Il faut assumer qu'il existe des variables que vous ne pouvez pas contrôler. Ces variables génèrent de l'anxiété et de la frustration. Il vaut mieux vous centrez sur ce qui dépend uniquement de vos performances. Ce qui doit être, sera.

e. LA PACIENCE PAIE… ET LA TÉNACITÉ INTELLIGENTE AUSSI

Un problème qui existe lorsque nous avons une série d'objectifs, c'est que nous avons tendance à penser que cet objectif est directement proportionnel au travail que nous effectuons. C'est-à-dire, je travail tant, je reçois tant. Et en réalité il s'agit d'une idée contradictoire.

Il est vrai que si vous travaillez dur vos probabilités on tendance à être plus élevées, mais cela ne fonctionne pas obligatoirement ainsi. Je dirais même que je n'ai jamais été tout à fait d'accord avec cette profonde conviction qui a été établie que tout s'obtient grâce au dur travail. Vraiment, je n'y crois pas. **Moi je crois plutôt au travail intelligent**, et ce n'est pas la conséquence directe du fait de travailler de nombreuses heures. Il s'agit ici, de la loi de Pareto du 80/20. **20% des efforts génèrent 80% des résultats**.

Atteindre ses objectifs n'est pas uniquement une question de travail, cela en fait partie, mais ce n'est pas tout, la réussite réside dans bonne gestion de la psychologie.

Le business n'est pas fabriqué par des machines, le business est fait par les hommes. Les machines ne sont que des instruments. Donc, nous devons arrêter de nous comporter comme des «instruments» et nous devons commencer à utiliser et à travailler avec ce qui nous sépare des machines et qui est notre principal facteur de différenciation: le cerveau. Pensez. Henry Ford le disait clairement: "*La pensée est le travail le plus difficile qui soit, ce qui explique pourquoi très peu de gens le pratique*".

Cette profession a beaucoup à voir avec la capacité de savoir attendre. Avec la capacité de penser pour se rendre compte que, **parfois, la meilleure chose est de ne rien faire**. N'oubliez pas que vous traitez en permanence avec des personnes. Ainsi, si vous voulez obtenir un résultat qui dépend exclusivement de personnes, la différenciation se basera le style de psychologie que vous employez. Certains appellent cela de l'empathie.

Vous devez être conscient que lorsque le travail «mécanique» est fait, (appels, e-mails, réunions, visites, etc.), vous devez savoir attendre, vous devez être prêt à ne rien faire d'autre que d'être patient. Et pour cela il faut obligatoirement savoir gérer l'anxiété.

Ne pas être capable de gérer le stress vous mènera à l'hyperactivité. Une hyperactivité qui ne sert qu'à faire taire votre critique intérieure et avoir le sentiment que vous faites quelque chose. Pour une raison quelconque, les gens ont toujours le sentiment que tout doit dépendre de soi-même. Et cela ne fonctionne pas ainsi.

La dernière chose à laquelle vous souhaitez ressembler aux yeux des autres est à une personne plus communément connue comme un lourd. Etre considéré comme tel peut avoir un effet néfaste sur la projection de votre image personnelle, et par conséquent sur, devinez!, votre crédibilité. Encore ce mot !

Comme vous pouvez le voir la grande performance de cette profession a beaucoup à voir avec l'aptitude, mais plus encore avec l'attitude.

Que parfois il soit souhaitable d'adopter une attitude passive, ne doit pas vous donner l'impression que vous restez les bras croisés. Rien n'est plus éloigné de la réalité. Il s'agit de savoir comment gérer le temps et de respecter les autres. C'est une question de ténacité "intelligente" ténacité "étudiée". Disons que c'est une ténacité "élaborée" plutôt qu'une "ténacité brute." Si vous parvenez à vous comporter ainsi vous avez déjà beaucoup gagné.

En bref, ce qui dépend de vous, vous devez le faire parfaitement. Vous devez savoir que tout ne dépend pas de vous, que vous traitez avec d'autres personnes et que la meilleure façon d'y faire face est d'être conscient de cela, Il faut bannir le stress et appliquer l'empathie. En fin de compte c'est cette patience qui payera gracieusement.

f. <u>CE QU'UN AGENT DE FOOTBALLEURS NE DEVRAIT PAS ÊTRE</u>

Jouons de nouveau au jeu de la bourse. Dans le marché d'achat/vente d'actions il y a un profil que vous connaissez très bien, il s'agit du broker. Le broker n'est qu'un intermédiaire qui achète ou vend une série d'actions en votre nom et touche une commission pour cela. Il s'agit d'un intermédiaire. C'est tout.

La définition de l'agent comme simple intermédiaire ne me plait pas. Certains si, c'est respectable et il n'y a rien de mauvais à cela. Seulement, moi je ne comprends pas cette profession ainsi. Je ne veux pas la simplifier de cette façon.

Je suis conscient qu'avec ce sujet je peux entrer sur un terrain épineux et que peut-être vous ne partager pas mon avis. Je le respecte. Dans mon cas particulier, je comprends cette profession depuis une perspective qui peut résulter un peu trop romantique. Mais c'est ma vision. En tant qu'agent de joueurs, je le comprends comme un compagnon, comme un conseiller multidisciplinaire. Qui sait un peu de tout et peut-être beaucoup d'un sujet en particulier. Avec une grande capacité de maîtrise de soi.

Mais pourquoi avons-nous besoin de savoir un peu de tout si nous pouvons nous assister de personnes spécialisées de chaque secteur (par exemple sur les aspects fiscaux, de droit du travail, etc.)? Et bien parce que vous devez toujours prendre des décisions sous contrôle. Choisir à qui s'adresser aussi doit être une décision prise sous contrôle. Et pour prendre des décisions de ce genre, vous devez avoir un minimum de connaissances de ce que vous avez en main. J'insisterai beaucoup sur le fait qu'il est essentiel de conseiller en connaissance de cause. Il ne peut y avoir aucun vide dans l'exercice de l'activité fondée sur des actes de foi.

Sur ce, être bien formé vous aidera, d'abord, à définir clairement de quel sujet il s'agit pour ensuite pouvoir vous diriger vers ceux qui ont une connaissance plus approfondie du sujet. Ensuite, et selon moi fondamental, pour être en mesure d'évaluer les recommandations de ces personnes dans une perspective critique, et être en mesure d'évaluer les recommandations de ces personnes, d'avoir une opinion critique, et de pouvoir poser, le cas échéant, les bonnes questions. Comme cela, vous ne serez pas amené à croire tout ce qu'on peut vous dire parce que vous manquez de connaissances de base qui peuvent vous permettre de voir les signes avant-coureurs. J'insiste sur le fait que **vous devez éviter, autant que possible les actes de foi dans les affaires.**

Un bon agent doit être polyvalent, complet. Un joueur de tennis ne gagnera jamais s'il ne sait pas jouer du revers, peut importe qu'il ait un très bon coup droit. Vous devez savoir jouer dans toutes les positions. Si non, vous serez un simple spécialiste, incapable d'agir sur d'autres terrains.

Avec tout cela, je parle du cas où vous travaillez comme agent autonome, pas si vous faites parti d'une grande agence. Les grandes agences fonctionnent comme un grand agent sociétaire. La différence étant que, tandis qu'un agent autonome unipersonnel a les connaissances pluridisciplinaires minimum regroupées en sa seule personne, pour l'agent sociétaire, les connaissances pluridisciplinaires sont divisées entre plusieurs personnes, divisées, au sein de l'organisation, mieux informées que d'autres sur certains aspects.

Les agences ont une autre façon de gérer cette activité. En fait, il y en a de très importantes. Certains préfèreront, d'autres non. La seule question que les grandes agences doivent se préoccuper est la capacité de flexibilité de leur structure et donc de leur activité. Cet élément à prendre en compte provient d'un flux de trésorerie spéciale, propre à cette activité.

PARTIE II – CE QUI EST ATTENTU D'UN AGENT DE FOOTBALLEUR

A la fois tout et rien. Tout dépend du terrain où vous vous déplacez, du type de joueur avec lequel vous travaillez. Au risque de trop généraliser, je dirais que tout joueur vous dira qu'il vise à jouer dans la meilleure équipe, être à l'aise dans l'équipe et gagner assez d'argent durant sa carrière sportive pour lui permettre de ne pas avoir à travailler après et si possible, d'avoir la meilleure qualité de vie possible.

Maintenant, comment le faire? A parti de là, vous récoltez ce que vous avez semez. Ce qui doit être clair, ce sont ces principes, et à partir de là il faut appliquer toute la capacité de génie possible pour générer les outils suffisants qui permettent de satisfaire ses désirs.

A ce stade, je ne peux que rappeler les mots d'Henry Ford, "*si j'avais demandé aux gens ce qu'ils voulaient, ils m'auraient tous répondu, un cheval plus rapide.*" Steve Jobs se prononçait avec des termes similaires quand il dit "*les gens ne savent pas ce qu'ils veulent jusqu'à ce que vous le leur montrer*". En fin de compte, votre client vous permettra de faire ce que bon vous semble, à condition de répondre à leurs besoins. Il n'entrera pas sur le fait que ce soit ou non orthodoxe. Toute façon de faire sera bienvenue si elle est respectueuse et permet d'atteindre les objectifs de votre client. Votre client ne demandera pas d'actions concrètes il vous demandera la solution à ses problèmes.

1. <u>MARQUE PERSONNELLE</u>

Lorsque nous parlons de la marque personnelle nous parlons de "différentiation personnelle". La capacité de se rendre visible, de s'éloigner du conventionnel. De se démarquer du reste. Bref, de ne pas être un parmi tant d'autres. D'être différent, dans le bon sens du terme.

Il s'agit d'un concept d'entreprise transféré et appliqué aux personnes. Pourquoi lorsque vous achetez un produit, vous en choisissez un et pas un autre? Vous le faites parce qu'une marque vous à transmis une plus grande fiabilité. Et c'est pour cette qualité supplémentaire que vous êtes prêt à payer plus cher. Cette marque en particulier vous transmet une série de valeurs différentes de la concurrence. Ni meilleures ni pires. Juste différentes. C'est le client final qui déterminera quels éléments il apprécie le plus des différentes marques.

On pourrait appliquer la même chose aux agents de joueurs. Comment un individu peut devenir une marque personnelle?

Premièrement, en étant un grand professionnel. Pour cela il faut se former. De façon constante et permanente. Eloignez-vous de ses croyances profondément ancrées qui disent que l'enseignement supérieur suffit. Désolé, mais cela ne marche plus comme ça. Ce paradigme est dépassé. Si vous n'essayez pas de vous améliorer quotidiennement et de vous former tout au long de vôtre vie, vous vous transformerez en quelqu'un de tout à fait désuet. Obsolète. Pour améliorer vos résultats, il est impératif que vous vous amélioriez.

Deuxièmement, vous devez être **authentique**. Soyez vous-même. Restez à l'écart du conventionnel. Ne suivez pas les directives du «troupeau». Gardez les vôtres. Il n'est pas souhaitable d'être prévisible. Cela ne reflète qu'être socialement confortable. Le différent et attractif a besoin d'incommodités. De sortir du banal. Il faut retirer les étiquettes, sortir des chemins vitaux prédéfinis. Vous êtes votre propre label. Il n'y a personne comme vous. **Vous devez mettre en valeur ce que vous êtes**. Que tout le monde puisse clairement savoir qui vous êtes. Ce que vous offrez. Authenticité.

Un autre élément très important pour être une marque personnelle est la **différenciation**. Cela est étroitement lié à l'authenticité. Lorsque vous êtes authentique, lorsque vous êtes vous, et que vous n'avez pas été aspiré dans la "masse" pour votre manière d'être et de faire, automatiquement vous vous différenciez. Bien que l'activité reste la même, avec un "abc" déterminé, il peut toujours exister un comment qui vous différencie. Une façon de faire. De vous mettre en relation.

Dans cette activité d'agent de joueurs il existe une caractéristique très particulière et absolument nécessaire. Une particularité, qui a beau être sur toutes les lèvres, reste absente de notre quotidien bien plus que cela n'est souhaitable. Et par conséquent, représenter cette caractéristique commence à être, de plus en plus couramment, un élément différenciateur. Je parle de l'**honnêteté**. Soyez toujours honnête. Pas de divergence à cet égard. Ne choisissez pas d'être honnête ou non, selon les circonstances. Ou en fonction de ce que vous pouvez perdre. Soyez différent. Soyez authentique. Et surtout, que cette différence soit constante et durable dans le temps. Si ce n'est pas le cas vous ne serez pas fiable et vous perdrez... **crédibilité**. Encore une fois.

Et enfin troisièmement vous devez avoir de la **notoriété**. Vous devez être tout ce qui précède et en plus vous devez vous soucier fortement de vous rendre visible, d'être pertinent. Il ne sert à rien d'être différent et authentique si personne ne sait qui vous êtes. Il faut s'exposer, se présenter en société, que vos clients potentiels sachent que vous existez. Car c'est ainsi qu'ils seront conscients de ce que vous proposez, et si cela leur plait, qu'ils vous choisiront.

N'ayez pas peur d'échouer. N'ayez pas peur non plus de réussir! Ayez confiance en vous. Retirez de votre "software mental" le désir d'acceptation, d'approbation de votre prochain. Cela ne sert à rien. En fait, il s'agit de l'antithèse de ce qui est décrit dans cette section.

2. ENTREPRISE DE CONSEIL UNIPERSONELLE VS AGENCE

En général, lorsque quelqu'un entre dans ce monde, il étudie, passe un examen, l'obtient, on lui donne sa licence et voilà. Vous commencez à travailler. Il existe de nombreux livres sur le sujet.

Il y a ceux qui se lancent directement tout seul ou il y a ceux qui préfèrent commencer à développer leur activité en tant que salarié sous la protection d'une agence de représentation. Les deux possibilités sont très bien. Opter pour l'une ou pour l'autre dépend de la personnalité de chacun. De leur propension ou de leur aversion pour le risque. Évidemment, la période de maturation de votre entreprise à titre individuel sera différente en fonction de votre choix. Il est aussi vrai que, bien que l'agent unipersonnel ait besoin d'une période de maturation plus longue, son processus d'apprentissage peut être bien plus douloureux. Et je ne parle pas de questions purement techniques. Je me réfère à l'**exercice de la force mentale**, au **contrôle du détournement d'attention**.

Il faut garder les idées claires. Assumer et faire avec les aléas qui peuvent apparaitre pour reprendre ensuite le chemin marqué. Il s'agit d'un apprentissage émotionnel superlatif. Il n'y a pas de parapluie protecteur.

Les agences de représentation sont une toute autre histoire. Vous pouvez collaborer avec eux ou directement être un de leurs employés. Dans ce sens l'apprentissage est différent. Cela peut réduire la fatigue d'un point de vue émotionnel. Vous avez un bouclier de protection sur qui compter. Il y a toujours quelqu'un, qui peut vous aider. Vous apprenez directement le «savoir-faire». Il est là. A votre portée.

D'autre part, il est possible que les compétences que vous pouvez apprendre soient prédéfinies. Que votre niveau d'apprentissage soit défini. La politique de l'entreprise peut déterminer jusqu'où vous pouvez aller. Dans quels domaines vous allez vous déplacer. Plus encore, ce que vous pouvez savoir et ce que vous ne pouvez pas.

C'est pourquoi chacun doit décider ce qu'il préfère. Il s'agit de circonstances différentes pour des esprits différents.

Ce qui précède concerne les débuts. Cependant, il y a d'autres éléments de nature plus entrepreneuriale à prendre en compte lorsque que l'on exerce cette activité. J'essaierais de ne pas excéder sur les questions purement techniques et je vais essayer de le rendre le plus compréhensible possible. Cela a à voir avec la flexibilité. Mais pourquoi est-ce que je parle de flexibilité?

Bien souvent, la flexibilité est la clé du succès. Cela a beaucoup à voir avec la capacité d'adaptation. Qui est étroitement liée à la structure, à la structure des propres coûts associés à l'activité.

Dans des environnements changeants un élément fondamental est la possibilité "de variabiliser" les coûts. Il doit exister la possibilité de flexibiliser la structure. Je vais essayer de l'expliquer dans le cas concret des agents de joueurs.

Comme nous le savons, en général, le flux de revenus de cette activité est variable, indéterminé. Du moins en comparaison avec d'autres secteurs d'activité. Pour les joueurs que vous avez déjà dans votre portefeuille il est probable que vous ayez un revenu récurrent grâce aux contrats déjà signés. Mais dans ce secteur, c'est le mouvement qui importe et s'il y en a ou pas ne dépend pas exclusivement de vous. Il y a des questions qui échappent à votre contrôle.

Pour autant cet agent unipersonnel disposera d'une plus grande flexibilité pour s'adapter à la conjoncture du secteur. Il sera plus souple, moins rigide. Il sera moins sensible aux fluctuations du marché, arrivant dans certains cas à être plus compétitif. **L'agent unipersonnel sacrifie un plus grand volume pour une meilleure capacité d'adaptation.**

D'un autre côté, une grande agence de représentation aura une organisation capable de développer telle activité qu'elle sera capable de gérer un grand volume d'affaires.

Cependant, des précautions doivent être prises avec ces structures rigides peu exposées à la flexibilité. C'est un processus d'adaptation lent et coûteux.

Dans les bons moments, quand une entreprise s'appuie sur les coûts fixes, ses bénéfices dépassent celles qui se basent sur les coûts variables. Cependant, elles sont plus sensibles aux changements de conjoncture de l'activité. De telle manière que quand vous gagnez, vous gagnez beaucoup mais quand vous perdez, il en va de même.

L'agent unipersonnel, de son côté, il est probable que lorsqu'il gagne, il ne gagne pas tant mais quand il perd sa capacité d'adaptation est plus grande. Par conséquent, quelle que soit la structure de coûts adoptée pour le développement de l'activité il faut mettre un accent particulier sur l'**adaptabilité**. Et pour cela, j'insiste une fois de plus, avant de faire quoi que ce soit il faut très bien définir les différents scénarios qui peuvent se présenter, ainsi que les flux de trésorerie (recettes et dépenses, et quand ils se produisent) propres à l'activité.

3. ASPECT COMMERCIAL

"Les clients ne se fatiguent pas d'argumentaires commerciaux, ils se fatiguent de commerciaux sans arguments". Luis Folgado de Torres

Quand vous voulez capter un joueur pour qu'il fasse parti de votre portefeuille de clients, ce joueur qui a du potentiel, qui est intéressant, au moment où vous vous approcherez et essayerez de lui faire voir que vous êtes son meilleur choix, se posera toujours, je le répète, toujours une question à laquelle vous devez être prêt à répondre. Qu'il la fasse ou pas. Mais ils se la planteront toujours, même si c'est en silence. Cette question c'est: **Pourquoi vous?** C'est-à-dire, que vas- tu me m'apporter de plus que les autres d'autres.

Il faut avoir une chose tout à fait claire. Ce que j'appelle la «**slogan social**». Tout le monde est enclin à vouloir ce que d'autres ont déjà voulu ou eu. Toujours. Personne ne veut parier le premier. Personne ne veut être le seul. Et s'il le fait, la valeur ajoutée doit alors être bien supérieure à celle offerte par les autres. Tant et si bien que vous pouvez dissiper vos doutes. Par conséquent, pour la consécution de clients le degré de professionnalisme, de créativité et de différenciation doivent être important. Rappelez-vous: pourquoi vous?

Les grandes agences ou les grands agents ont une réponse facile: parce-que untel et untel sont avec moi donc cela veut dire je dois être bon. Cependant, ceux qui débutent doivent répondre à cette question de la meilleure façon et le plus brièvement possible. Si vous n'êtes pas en mesure de fournir une différenciation capable de dissiper les doutes de vos clients, ce n'est pas bon. Nous ne voulons pas être dans la "bain de sang" où tous, pour être égaux, se font la peau. Nous voulons être dans l'"océan bleu". Pour cela il faut bien définir les trois avantages que vous allez apporter à votre interlocuteur. Ni deux ni quatre. Trois. Votre interlocuteur n'en retiendra pas plus. C'est de la psychologie.

De la même manière, il faut préparer à l'avance une série de réponses aux questions suivantes: quoi, qui, comment, quand, où et pourquoi. Vous devez être prêt. N'improvisez pas. Si vous improvisez, vous allez douter. Et si vous doutez vous allez rendre votre interlocuteur méfiant. Vous pouvez être sûr que ces doutes se reflèteront dans votre projection personnelle. La méfiance que vous provoquez affecte votre crédibilité. Et sans crédibilité vous ne vendez pas. **Nous devons apprendre à vendre et à nous vendre.**

En résumer ce qui est enseigné dans les Master of Business Administration (MBA). **Si vous voulez vendre, ou vous le faites mieux ou vous le faites moins cher**. C'est tout. Que vous choisissiez ce que vous choisissiez, faite le comprendre à votre interlocuteur. Projetez-le dans chaque élément de votre comportement. J'espère que cela vous servira d'aide.

4. LES BONS FOOTBALLEURS SE VENDENT (ET VENDENT) TOUT SEULS

Malgré ce que dit le titre il faut savoir vendre. C'est très important. **Un agent doit être un très bon vendeur.** Et vous ne vendrez pas bien si vous ne savez pas d'abord vous vendre. Tout le monde, absolument tout le monde devrait apprendre à vendre. Consacrer une petite partie de votre temps à apprendre l'art de la vente. Aucun effort ne doit être épargné. Je dirais même plus, votre performance sera fréquemment évaluée à partir d'un seul point de vue. Mon agent me vend, ou il ne le fait pas? Il me fait connaître ou pas? Au sens métaphorique, parle-t-il bien de son «poulain»? Oui ou non? Et en fin de compte, cela donne des résultats?

Ce qui est certain, c'est que **la publicité est le prix qu'il faut payer pour ne pas avoir un produit unique, remarquable.** Il suffit juste d'aller dans la rue pour se rendre compte que le besoin de publicité et de vente active est inversement proportionnel à la qualité du produit. Et dans le football il se passe la même chose. L'effort de vente que nécessite un joueur "commodity" est bien plus élevé que le besoin d'un, disons crack". Ce n'est une surprise pour personne.

Tout ceci nous amène à la question suivante. Tout ce qui précède nous conduit également à conclure que les grands joueurs se vendent tout seul. Et ils le font pour les mêmes clubs qui pourraient être intéressés par leurs services. Mais pas seulement pour eux. Pour les agents eux-mêmes! Les agents se disputent pour les joueurs qui ressortent. Si un joueur sort du lot, il aura immédiatement une foule de gens qui traînent autour de lui. Tout en essayant de vendre leurs avantages et en colportant les défauts de la concurrence. Tout est dit, une mer de sang. Tous font la même chose. Rien d'autre. Tous veulent offrir leurs services.

Dans ce contexte, si vous êtes débutant dans ce monde, vous avez deux options: offrir quelque chose de différent ou si vous n'avez rien de différent ou de façon innovante de faire, vous n'avez plus qu'à renoncer. Directement. Dans quelle position cela vous situe-t-il? Et bien celui qui commence devra différencier son offre, c'est à dire se différencier lui-même, ou bien se centrer sur ce qui est peu demandé (les footballeurs banaux). Il n'y a pas d'autre choix. C'est la loi de l'offre et de la demande. La seule loi qui perdure. C'est la seule loi naturelle. Non écrite. C'est pourquoi elle perdure.

Et devinez quoi. Si vous êtes obligé de faire avec le peu demandé vous serez obligé d'augmenter vos compétences de vente. J'insiste sur le fait qu'il faut vendre. Sinon, redéfinissez-vous, offrez quelque chose ou une façon de faire différente.

Ce business ressemble beaucoup à un poisson qui se mord la queue. C'est une sorte de boucle. Si vous êtes un agent connu, votre réputation et vos clients sont votre meilleure campagne de marketing. Vos propres clients parleront bien de vous. A l'intérieur du vestiaire lui-même. Et il y a de nombreuses heures de repos dans les hôtels et les concentrations. De sorte que vous ne chercherez pas de clients. Ce sont eux qui vont vous trouver. Et ça c'est le secret de la réussite. De bons joueurs ayant besoin de vos services viendront. Vous vous débrouillerez bien et votre réputation ne cessera de renvoyer et de générer ces flux de succès.

Contrairement, si vous êtes débutant il vous sera très difficile d'obtenir la confiance d'un joueur de "marque" de sorte que vous n'aurez pas beaucoup d'occasions de montrer votre talent, ce qui fera que vous allez manquer de réputation. Et sans réputation vous ne générer pas assez de confiance chez les joueurs qui peuvent vous intéresser. C'est le cercle vicieux qui ne nous intéresse pas. À un certain moment vous devez briser ce cercle vicieux. Et ce cercle se casse avec des sujets spécifiques et ponctuels, par exemple, un joueur qui explose comme footballeur à un moment donné, sans que personne ne s'y attende, un joueur qui pour la raison que ce soit a plus confiance en vous qu'en un autre, un joueur qui postérieurement se démarquera, etc.

Ce qu'il faut garder à l'esprit est que cette chance il faut la rechercher. Avec apprentissage, travail et ténacité "intelligente". **La chance n'est qu'un point où convergent** la préparation et l'opportunité. Ce qui ne peut être, c'est que quand arrive l'opportunité nous ne soyons pas prêts. Et cela fait partie de ce que nous contrôlons. On n'y échappe pas. Il faut profiter de l'opportunité de s'améliorer constamment. Le contraire serait une terrible erreur, coûteuse à long terme.

5. <u>NOTORIÉTÉ ET VISIBILITÉ</u>

Ce sujet est un sujet qui commence à être récurrent, mais il est très important. **Un joueur veut que vous le fassiez sentir spécial et il veut que vous projetiez cette spécialité aux yeux des autres.** Vous ne le ferez pas correctement, sauf si vous appliquez ces principes à votre propre personne. Pour vendre quelque chose à votre client potentiel ne le lui dites pas, montrez-le lui. Et montrez le par votre propre personne. Dotez-vous, vous-même de notoriété et de visibilité. Soyez votre propre campagne de publicité. Nous revenons à ce que nous avons vu avant. **Devenez une marque personnelle.** Vous devez vous doter de contraste. Séparez-vous de l'arrière-plan. Profilez-vous. Soyez vous-même ce que vous proclamer. Comme disait Woody Allen: *"Les faits valent mieux que les mots, parce que les actes parlent d'eux-mêmes".*

6. CONTACTS: UNE QUESTION DE TEMPS ET DE DÉVOUEMENT

Il est très fréquent d'entendre qu'un agent est bon parce qu'il a de nombreux contacts. Ne vous méprenez pas. Avoir des contacts en tant que tels est une question de temps et de dévouement. Il ne faut pas confondre les termes. Quand nous disons que l'agent a des contacts il est vrai qu'il les a, mais ce qu'il a vraiment c'est de la crédibilité.

Avoir des contacts est une quantité de noms et de numéros de téléphone. Ce qui est important ce ne sont pas les contacts, mais ce que vous faites avec les contacts et la façon dont vous vous présenter à eux. Il est inutile d'avoir une Ferrari si vous ne savez pas conduire.

Les contacts sont des personnes avec qui vous devriez traiter. Les choses sont là pour les utiliser, mais il faut le faire comme il faut. Il y a beaucoup de personnes qui se vantent de recueillir des données. Comme si cela servait à quelque chose. C'est le début, mais il y a bien plus encore. Ce qui importe est ce que vous faites avec ces données. Et plus encore que ce que vous faites, ce qui est vraiment intéressant, c'est le type de relation que vous établissez avec eux et ce que vous allez arriver à faire. **Le but ultime est d'établir des relations de confiance.**

Il est préférable d'avoir un réseau de contacts modeste mais parfaitement travaillé où vous êtes reconnu comme quelqu'un de fiable et de respectable, que de collecter des numéros pour le simple fait de les avoir. Comme s'ils s'agissaient de vignettes autocollantes. Cela ne conduit à rien.

Au lieu de collecter systématique de données, il est plus intéressant d'établir des relations de confiance avec vos pairs, à savoir avec d'autres agents, c'est en travaillant en réseau, que vous pourrez faire des affaires avec confiance et crédibilité. Même si ce n'est pas directement par vous, mais par un autre agent qui à cette relation de confiance avec le client final. Il existe de nombreuses formules qui règlementent cela.

7. RELATIONS ET TECHNIQUES DE VENTE

La grande question que vous vous posez peut-être est: "OK, la vente est cruciale, mais **comment vend-on bien**? A quoi dois-je porter une attention particulière? Eh bien, la réponse est simple. **Il suffit de commencer à fermer la bouche et bien ouvrir vos oreilles**.

L'élément principal de la vente est de savoir ce que veut l'autre. Pratiquer «l'écoute active». Ce que vous voulez n'est pas important. Personne n'est là pour vous écouter. Absolument personne. Tout le monde ne se soucie uniquement et exclusivement que de ses affaires. Tout le reste entre par une oreille et ressort par l'autre. C'est pourquoi nous devons nous concentrer sur les besoins de notre interlocuteur. Plus grande sera l'attention que nous portons à l'autre, meilleure sera la sensation que nous lui provoquerons. Il saura que nous nous préoccupons pour lui, et cela permettra d'améliorer son attitude envers vous et sa prédisposition à faire des affaires. Il n'aura pas la sensation que nous sommes là pour lui vendre quelque chose.

Premièrement écouter et ensuite offrir. Inutile d'offrir un 4X4 à quelqu'un qui meurt d'envie d'une voiture sportive. Donc commençons par écouter.

Comme je le disais, il est strictement nécessaire de bien ouvrir vos oreilles et de laisser l'autre personne parler. Si nous le laissons parler, il finira par nous donner des indices sur ses intérêts et sur ce qu'il veut. **Je vous invite à porter une attention particulière à la "dernière goutte" de ce que dit notre interlocuteur. C'est souvent le plus révélateur.**

Une fois entendu leur point de vue, et après avoir tiré des conclusions sur ce que peuvent être ses intérêts et ses motivations, il faudra suivre les trois étapes suivantes:

Nous devons d'abord **capter leur attention**. Le client doit comprendre que vous êtes une personne capable de résoudre ses problèmes et ses préoccupations.

Laissez-le parler et écoutez-le. C'est après avoir écouté ce qu'il a à dire que nous devons lancer le message qui va attirer son attention. Notre interlocuteur doit s'intéresser à nous. Et il doit y avoir une relation entre ce que l'autre personne nous transmet et ce que nous allons proposer. Bien souvent, pendant que l'autre personne parle, nous faisons plus attention à ce que nous allons dire ensuite qu'à ce que l'autre personne nous raconte. **Le résultat est qu'il n'y a généralement pas de lien entre ce que nous disons et ce qui nous a été transmis. Il se produit alors une dissociation.**

Ensuite, une fois que notre interlocuteur s'intéresse à nous, nous devons **susciter son intérêt**. Pour cela il est nécessaire que l'interlocuteur nous ait prêté attention. **Il est impossible de créer un intérêt sans avoir préalablement capturé l'attention.**

Nous devons avoir conscience que toutes les personnes, ne montrent leur intérêt que si nous allons leur apporter un profit ou si nous allons leur résoudre un problème. Ne vous méprenez pas. Ce sont les seules raisons pour lesquelles on pourra stimuler l'intérêt d'une personne. De cette façon, au moment de la vente il faut parfaitement savoir ce que nous allons dire à notre interlocuteur et plus important encore, comment nous allons le dire.

L'interlocuteur doit être clairement conscient, et de manière transparente, que ce que vous lui transmettez va lui bénéficier d'une manière ou d'une autre, ou que vous allez lui résoudre un problème. C'est à dire, il doit être clair qu'il va obtenir un bénéfice sur les sujets qui le préoccupent au jour d'aujourd'hui.

Troisièmement et finalement, il ne suffit pas de dire les choses à notre interlocuteur. Il faut démontrer que nous ne mentons pas et que ce que nous disons est vrai. **La démonstration** doit s'effectuée une fois que l'interlocuteur ait prêter attention. Cela n'a aucun sens de le faire avant. Cela tomberait dans l'oreille d'un sourd. Ça ne servirait à rien.

D'autre part, il faut prendre soin et mettre une attention spéciale sur le scénario et le climat de la vente. Nous devons nous préoccuper que le scénario dans lequel la communication se développe soit un scénario de collaboration et une atmosphère tranquille. Le contraire serait contre-productif.

Non seulement vous devez veiller au contenu du message, mais aussi à la façon de dire le message. Concentrez-vous pour être simple. Simplifiez. Assurez-vous que l'interlocuteur ait compris le message que vous prétendez transmettre.

Répéter le message d'une autre façon est une autre considération à prendre en compte. Cela aide à le positionner dans l'esprit de notre interlocuteur.

Il ne serait pas de trop d'avoir des exemples convaincants de ce que vous communiquez. Toute aide sera la bienvenue. Toutes ces questions permettent que la communication soit persuasive.

Et surtout, sous aucun concept, vous ne pouvez mépriser, faire perdre du temps ou être intolérant avec votre interlocuteur. Cela créerait l'effet inverse. Il ne sert à rien de se disputer avec qui que ce soit, car vous ne savez jamais si dans l'avenir, et pour d'autres sujets, vous ne vous rencontrerez pas avec la même personne. Soyez prudent.

8. CRÉDIBILITÉ

Albert Einstein a dit: *"Celui qui néglige la vérité pour de petites choses, n'est pas digne de confiance pour des choses importantes"*.

La crédibilité est l'élément fondamental des affaires. La chose la plus importante, de tout ce que nous avons parlé jusqu'à présent. Sans crédibilité, vous n'êtes personne. Ni agent ni rien.

La recherche de crédibilité conditionne tout le reste. Le but ultime de chaque chose dont vous devez prendre soin et faire attention est la consécution de la crédibilité. Pour votre public potentiel, cela implique de vous transformer en marque. Nous pourrions dire que **la crédibilité est égale à création de marque.**

En outre, cette crédibilité construit votre réputation. Oprah Winfrey a déclaré: **"En fin de compte, ce que vous avez c'est votre réputation"**. La confiance placée en vous par le marché a directement à voir avec votre marque ou votre réputation. Prenez en soin comme si c'était votre plus grand trésor. Ne banalisez pas ce sujet. Je ne me lasserais pas de le répéter. Votre réputation est comme des miettes de pain que vous laissez derrière vous. Les gens détestent l'incertitude. Ils recherchent le prévisible. Par conséquent, commencez par produire puis par gérer une carrière de prévisibilité positive. Il faut des années pour l'obtenir, mais son obtention est obligatoire. Quand vous dites que vous allez faire une chose, faites-le. Lorsque vous dites que vous allez appeler, appelez. Respectez vos engagements. Toujours. Même s'il semble que vous n'en sortirez pas de bénéfice direct à court terme, ce n'est pas grave, faite-le. Compromettez-vous avec vos engagements. C'est le long terme qui prime. C'est une course de fond. Votre crédibilité et votre réputation sont votre meilleure carte de présentation. Elles parleront de vous sans vous. Elles génèreront un flux de bouche à oreille.

Appliquer la "règle des dix ans." Cette règle dit que dans le cas où vous ne savez pas trop quoi faire, où allez, pensez à ce qui suit: "Dans dix ans, qu'est-ce que je me réjouirai d'avoir fait? La décision que vous prendrez sera toujours correcte.

Soyez cohérent. Qu'il n'y ait pas de contradiction entre ce que vous dites et ce que vous faites. Et que ce que vous dites, vous le faite toujours. Il ne peut pas y avoir de différences entre vos intentions et votre comportement.

Warren Buffet disait: "**il y trois choses que je recherche pour embaucher quelqu'un. La première est l'intégrité personnelle. La deuxième est l'intelligence et la troisième, un niveau élevé d'énergie. Mais si vous n'avez pas la première les deux autres finissent par vous tuer**". C'est ça. Vous devez avoir une base de principes et de valeurs. Vivre avec elles. Et les transmettre.

Ce que vous faites est plus important que ce que vous dites, mais plus important encore, sont les interprétations de ces faits. **Ce ne sont pas les faits le plus important, mais les interprétations de ces faits.**

Tout le monde synthétise tout ce qu'il voit et entend sur la base de leur «carte mentale». Ses paradigmes. Par conséquent, la crédibilité est étroitement liée à ce que chaque personne comprend que sont les priorités de celui d'en face. **Ce n'est pas ce que vous faites, c'est ce que l'autre personne comprend que vous faites.** Il s'agit des intentions que la contrepartie croit que nous avons qui déterminera son comportement. Ce ne sont pas les véritables intentions. Il s'agit des intentions présupposées. **Et la personne (ou votre client potentiel) pensera que vous avez des intentions et pas d'autres en fonction de ce qu'il pense que sont vos motivations.**

Par conséquent, souciez-vous de cet aspect. Souciez-vous vraiment des intérêts de l'autre. Mais vraiment. En tant qu'agent de joueurs, ce n'est pas pareil si votre client potentiel pense que votre motivation est de gagner de l'argent, plutôt que de l'aider. Rappelez-vous que personne ne se soucie de vous. Que chacun se soucie de soi-même. Concentrez-vous sur le fait d'aider et on vous aidera. Mais faites-le pour de vrai. Les gens détectent toujours les fraudeurs. Une conduite appropriée aide. **Le comportement n'est que la manifestation des intentions et des priorités.**

Plus de questions encore. Les personnes capables inspirent, donc formez-vous en permanence. Il n'y a pas de date d'expiration pour l'apprentissage. Le recyclage doit être constant. Comme a dit David Maister: *"Les connaissances et compétences, comme tous les actifs se dévaluent à une vitesse surprenante".* Et vous êtes votre plus grand atout. Profitez de vos points forts. Renforcer les plus si possible, et fixer un objectif. Définissez avec détermination où vous souhaitez aller. Jusqu'où vous voulez aller. Et engagez-vous avec votre objectif!

Dans le cas où cela vous est difficile de répondre à vos engagements, concentrez-vous sur l'augmentation de votre intégrité, centrez-vous à accorder une attention particulière au bénéfice mutuel. Lorsque vous adoptez cette position d'apprentissage, faite le à plusieurs reprises. Ainsi cela finira par devenir une habitude.

9. NÉGOCIATION

"La chose la plus importante dans une négociation est d'écouter ce qui ne se dit pas". Peter Drucker

La négociation dans le monde du foot est spécifique. Généralement dans les scénarios de négociation il y a une personne qui veut quelque chose à certaines conditions et une autre qui est prête à le lui donner en échange d'une série d'autres conditions. En général ces conditions sont différentes de celles de l'acheteur potentiel. Par conséquent, la négociation consiste à atteindre un point d'accord. Jusque là, rien de nouveau.

Eh bien, dans le football, très souvent, voir même presque toujours, cela ne se passe pas comme ça. **Dans le football, il y a un club qui veut acheter, mais il y a un club, qui ne veut pas vendre!** Avez-vous pensé au degré de difficulté que cela génère? Comment pouvez-vous négocier avec quelqu'un qui ne veut pas se séparer d'un actif? C'est là que réside la difficulté.

Ce à quoi il faut également ajouter que l'objet de la transaction n'est pas un être inerte, il s'agit d'un être vivant, une personne dotée de pensée, qui a sa propre vision de son environnement et qui ne se déplace pas seul. Il a une famille, une femme et des enfants, et tout ce que cela implique: Changer de pays, de résidence, d'habitudes, d'amis, d'école, etc. ce n'est pas une question facile. Le joueur voudra tout simplement de meilleures conditions qui lui permettent de compenser ces inconvénients. Pour les gens normaux, la possibilité d'un changement de vie est un stress supplémentaire. Pour un joueur c'est la même chose.

Donc, en résumé. Nous avons un scénario où il y a le club acheteur, le club vendeur (qui ne veut pas vendre), le joueur avec toute sa famille (qui veut juste améliorer ses conditions et limiter les inconvénients) et l'agent.

Et quel est votre rôle en tant qu'agent dans tout cela? **Votre rôle en tant qu'agent est celui du lubrifiant, du facilitateur, du modérateur d'émotions**. Dans ce contexte, en plus d'agir en faveur des intérêts de votre client, il faut agir pour que ses désirs se réalisent. Il faut donc effectuer un travail de coordination entre les différentes parties. « Lustré, frotté », comme dirait M. Miyagi de Karaté Kid.

N'oubliez pas que l'acheteur veut obtenir un joueur en payant le moins possible et que le vendeur, peut vouloir le vendre cher, mais souvent il ne veut directement pas le vendre! Et le joueur est intéressé par l'amélioration et il ne veut pas être incommodé.

Habituellement, on pense que dans une négociation il faut joindre des demandes, ou des positions, si vous préférez, alors qu'en fait ce n'est pas cela. Ce que vous devez vraiment faire c'est concilier les intérêts. Les demandes et les positions sont le résultat des intérêts.

Dans la plupart des cas, les négociations échouent parce qu'on persistent avec des demandes plutôt que de servir les intérêts. En fait, ce que vous devez vous demandez c'est: Pourquoi cette personne me demande ceci? Pourquoi cette personne ne veut pas me donner cela?

La négociation est un jeu d'échange. Quand une personne accepte, sans plus, une demande, ce n'est pas une négociation, c'est autre chose. Appeler-le acceptation, abandon, comme vous préférez. Négocier c'est échanger. **Et dans ce jeu d'échange il est crucial de demander.**

Tout d'abord, vous devez poser des questions pour aller au-delà des demandes. Pour que vous puissiez savoir les intérêts qui motivent ces demandes. Peut-être ces intérêts peuvent être satisfaits par d'autres sujets que vous pouvez offrir. Vous devez interroger. **Qui interroge dirige l'initiative.**

Dans de nombreuses occasions, en demandant tout simplement à l'autre, il vous donnera des informations que vous n'auriez jamais eu autrement et qui sont essentielles pour les intérêts sous-jacents. Laissez-les parler, qu'ils parlent jusqu'à la fin.

Cela ne doit pas être uniquement une question de prix. Au moment de vous confronter à une négociation, **vous devez être aussi souple que possible**. Si vous vous entrez dans une négociation où la seule variable négociable est le prix, la rigidité de la négociation sera absolue et stagnera peut-être. Ou pire, vous allez entrer dans ce qui est communément appelé le marchandage. Cela n'est pas intéressant. Il ne s'agit pas de négociation. Il s'agit de succomber aux intérêts de l'autre sans faire attention à vos propres intérêts. Vous quitterez la table des négociations et l'autre aura gagné. Et donc vous serez mécontent parce que vous aurez conscience que vous avez perdu.

Il ne s'agit pas de gagner ou de perdre, il s'agit que les deux parties aient le sentiment d'avoir gagné. Et cela s'obtient grâce à l'échange de variables négociables. Le prix en est un, mais il y en a beaucoup d'autres. Vous devez juste être créatif pour préparer une liste de plusieurs variables négociables par ordre de priorité, de la plus importante à la moins importante. En sachant clairement dans quelles marges vous pouvez vous déplacer pour chacune de ces variables. De sorte que lorsque vous négociez vous puissiez utiliser ces variables de manière successives tout au long de la négociation.

Il est possible qu'ils y aient des variables qui ne vous intéresse pas de partager. Si c'est le cas, passez à la variable suivante de la liste. Vous serez souvent dans des situations où vous avez une variable qui est très importante pour vous et où l'autre partie vous l'accordera en échange de quelque chose qui n'est pas vraiment important pour vous. Cela se produit souvent.

Les négociations se gagnent avant de s'asseoir, pas sur la table des négociations. Préparer la stratégie avant, en remplissant le maximum possible votre liste de variables négociables, de sorte que rien ne peut vous prendre par surprise et que la créativité fomentée lors de la préparation vous évite de vous bloquer dans des situations concrètes.

Il y a trois concepts essentiels: la préparation, la préparation et la préparation. Si vous agissez au coup par coup vous ne saurez jamais ce que vous voulez, ni comment l'obtenir, vous vous plierez juste aux demandes de l'autre partie sans même vous rendre compte de que vous êtes en train de perdre avec l'opération.

Alors en ce qui vous concerne comme agent vous devez connaître clairement les intérêts de chaque partie présente dans la négociation. L'acheteur veut acheter un joueur. La pétition est le joueur mais l'intérêt peut être de renforcer une ligne de démarcation. Le club vendeur ne veut pas vendre. Il est très probable que sa pétition soit que le club acheteur cesse d'essayer d'acheter le joueur. Toutefois, son intérêt peut être qu'il ne peut pas disposer à court terme d'un joueur de remplacement, à un prix abordable. Ensuite vous pouvez vous trouver avec un joueur qui soit réticent à un changement de club juste pour une grosse augmentation de salaire. Peut-être que son intérêt n'est pas seulement l'argent. Il peut penser à sa famille et se préoccuper particulièrement d'où ils vont vivre avec son nouveau club, à quelle école ira son enfant et quel genre de vie aura sa femme. Donc, dans le cas de ce joueur si nous nous limitons seulement à la rémunération il ne sera sans doute pas intéressé. Cependant, peut être que pour une augmentation de salaire inférieur, mais avec une amélioration d'autres conditions. École, maison, quartier résidentiel, etc, le joueur sera peut-être plus favorable. Mais pour cela, vous devez interroger. J'insiste.

Si le club vendeur ne veut pas vendre le joueur à cause de son incapacité à trouver quelqu'un, vous, en tant qu'agent, vous pouvez chercher des solutions pour répondre à cet intérêt, et non demande, pour que sa disposition à vendre le joueur soit supérieure.

De la même manière, si le club acheteur s'intéresse pour connaître les intérêts sous-jacent du club vendeur qui motivent sa décision de ne pas vendre, il se peut qu'il puisse adopter des solutions plus ou moins créatives, y compris en incluant un certain nombre de joueurs dans le transfert, par exemple, pour solutionner ces intérêts.

Si nous parlons d'argent, par exemple, un club demande 20 et l'autre offre 15, il est possible que la raison de désaccord ne soit pas purement une question de chiffres. Il faut demander et trouver l'intérêt. Il est bon de savoir pourquoi un club ne donnera pas plus de 15 et pourquoi l'autre n'acceptera pas moins de 20. Il se peut que le club ne puisse pas offrir plus de 15 maintenant, parce qu'il est impliqué dans d'autres opérations de transfert, mais qu'il pourra les offrir plus tard. Nous pourrions alors parler d'un problème de dates et pas de chiffres. Par conséquent, une fois connue l'intérêt sous-jacent, le club vendeur pourrait s'accommoder avec cette nouvelle réalité et inclure des clauses supplémentaires qui permettraient de combiner les intérêts, comme des montants variables selon les objectifs, les pourcentages de plus value sur de futurs transferts.

De l'autre côté, il est possible que derrière une demande de 20 il y ait un intérêt qui va au-delà du propre joueur objet du transfert. Il est possible que pour ce montant le club envisage la possibilité de faire face à l'achat d'un joueur qui joue dans une troisième équipe, et que cette troisième équipe demande ce montant. Et c'est là que vous pourriez entrez en tant qu'agent. Comment? En recherchant un troisième joueur pour cette équipe, en fonction de leurs revendications, permettant ainsi de flexibiliser leurs exigence à la baisse. Ce qui entraînerait à son tour une diminution de la demande du deuxième club et permettrait de rapprocher leur demande initiale de 20 au prix offert de 15. Cela vous semble une bonne solution? Cela se comprend?

Je répète que pour connaître la réalité vous devez approfondir. Et cela se fait en questionnant.

Comme vous le voyez c'est une question de préparation. C'est essentiel. Une question de créativité. C'est-à-dire rechercher des unités négociables et interchangeables.

Pour cela, vous devez également faire preuve de modération. C'est-à-dire, ne pas mélanger le professionnel avec le personnel. Ne pas vous laisser influencer par les positions de l'autre partie. D'un côté il y a les positions qui qui sont prises et de l'autre la personne. Si vous ne mélanger pas, tout ira bien.

Et le fait est que c'est aussi une question de temps. Le temps peut être votre meilleur allié et votre pire ennemi. Indistinctement. Il sera votre ennemi lorsque vous négociez avec hâte. Celui qui n'est pas pressé a un point en sa faveur. Ne négocier jamais avec empressement. N'acceptez jamais des positions venant de l'autre partie qui vous obligent ou vous invitent à prendre des décisions rapides.

Il n'est pas question de développer ici toutes les techniques de négociation. Il existe de nombreux livres sur le sujet. Mon but est simplement de vous fournir une série de conseils qui peuvent vous être utile et vous servira à clarifier les spécificités de ce sujet dans la profession d'agent.

10. <u>CONTRATS</u>

Un contrat peut être verbal ou écrit. Samuel Goldwyn a dit: ***"Un contrat verbal ne vaut même pas le papier sur lequel il est écrit".*** Par conséquent, je vais l'écouter et je ferais référence aux contrats écrits. A propos de quoi? Des contrats de footballeurs. Sur quelles variables? Celles que vous voulez. Il y a des questions types que l'on retrouve dans tous les contrats de football. Mais pour tout le reste, libre à vous. Créativité au pouvoir. Nous entrerons dans ce qui est la pure négociation du contrat.

Un contrat entre un club et un joueur est un contrat de prévoyance. Absolument. Le contrat de prévoyance deviendrait au sens familier un contrat du type **"s'il se passe ceci, alors cela".** Je vais vous expliquer pourquoi c'est comme ça.

Sauf pour les questions types, c'est-à-dire les noms, salaires, clause de résiliation (en Espagne), les tribunaux, etc., Pratiquement toutes les clauses qui sont introduites sont en prévoyance de.

Il est vrai que les joueurs et les entraîneurs veulent s'assurer un minimum. Cependant, la position du club doit également porter sur d'autres questions. Un club peut avoir une idée de la performance qu'aura un joueur. Mais personne n'en est sûr. Par conséquent, sont inclus dans la clause, un certain nombre de variables qui peuvent supposer une forte augmentation pour le joueur, mais qui s'adaptent très bien aux circonstances. S'il marque tant de but, il aura tant en plus. S'il obtient le Ballon d'Or, encore tant en plus. Et ainsi de suite.

L'augmentation salariale est étroitement liée à la façon dont leur performance affecte la trésorerie du club. Pour des questions qui pourraient être liés à des résultats sportifs, à de la publicité, et des augmentations associées à une augmentation de la notoriété fruit du comportement professionnel du joueur.

Au-delà de ces questions, les variables susceptibles d'être négociables, et qui se traduiront en clauses respectives tendent vers l'infini. Absolument tout peut être négocié. La flexibilité est cruciale pour ces variables.

À cet égard, je veux mettre un accent particulier sur les clauses de résiliation. Une variable qui est très sensible à la flexibilité, même si cette façon de prendre les choses n'est pas très positive. La flexibilité qui dépend du rendement, qui, d'ailleurs, dépend également directement d'un certain nombre d'autres variables d'accélération. Pourquoi la clause de résiliation doit être un montant fixe? Les clauses sont étroitement liées au contrat et à la valeur du joueur. Par conséquent, dans un contrat de prévoyance, il est prévisible que pour des performances moindres, le salaire soit inférieur, et, par conséquent, si le salaire est inférieur, la valeur du montant de la clause de résiliation sera également réduite.

Si une telle clause de résiliation est étroitement liée à un contrat de variables qui fluctuent en fonction de la performance du joueur, la clause devrait également varier en conséquence. Elle devrait être associée aux succès et aux performances du joueur, comme le font les termes du contrat. Si le joueur est performant, les conditions augmenteront, sinon elles diminueront.

En cas de blessure, c'est la même chose. Un joueur ne peut pas avoir la même valeur s'il joue que s'il est blessé pendant toute la saison.

La rigidité des clauses de résiliation me semble incongrue. Leur inclusion devrait également inclure une clause de rupture unilatérale du contrat de la part du club. Et cela n'en est pas toujours ainsi.

En conclusion, en ce qui concerne les contrats, tout est question de votre niveau de créativité, peu importe le côté où vous vous trouvez, comme je l'ai mentionné dans le chapitre précédent.

Cependant, je veux vous commenter un sujet que je trouve intéressant. Il ne s'agit que d'une suggestion. **Il s'agit, dans la mesure du possible, de minimiser les unités de négociations.** Négocier en fonction des minutes, plutôt qu'en termes de matchs. Négocier en fonction du nombre de matchs, plutôt que par blocs de cinq. Et ainsi de suite pour chaque sujet que vous jugerez approprié. De la même façon que dans le monde «normal» il faut mieux négocier le jour au lieu du mois, et, à son tour, l'heure, au lieu de la journée. Généralement, lorsque les unités de négociation tendent à se minimiser le chiffre final est généralement plus élevé. Il y a de tout mais cela fonctionne en général ainsi. Les coiffeurs le savent très bien quand ils ajoutent des petites choses qui augmentent le prix: shampooing, vitamines, revitalisant, etc.

11. ACTIVITES COLLATERALES

Par activités collatérales, je veux dire sujets tels que la publicité et les droits d'image. Habituellement les contrats de droits d'image qu'un club établit avec un joueur ont une double finalité. D'une part ils visent à atteindre un certain salaire net pour le joueur avec un coût fiscal le plus bas possible. Rappelons que dans ce cas, le joueur serait imposable par l'impôt sur les sociétés au lieu de l'impôt sur le revenu. Ces contrats sont généralement réalisés avec des sociétés commerciales propriétés du joueur lui-même. Au cours des dernières années, les autorités ont accordées une attention particulière à cette manœuvre, et des modifications ont été faîtes para les autorités maximums. Mais je ne vais pas vous ennuyer avec ce sujet. Il serait préférable de le laisser pour un autre moment.

D'autre part, la raison pour laquelle la répartition des droits d'images se négocie entre le club et le joueur est simple. Le club estime que le joueur, d'un point de vue publicitaire, bénéficiera du simple fait d'être joueur de ce club. Par conséquent, le club considère légitime de recevoir une partie du gâteau à titre de compensation. Le club le voit comme un élément de plus qui facilite leur ROI (Retour sur Investissement). Le club obtient une partie de l'investissement grâce aux revenus associés à l'image du joueur à travers les contrats de publicité et d'image.

Je vous conseille de porter une attention particulière aux connotations fiscales qui découlent des droits d'image. Il est bien connu qu'au jour d'aujourd'hui, cette série de questions est suivie avec diligence par les autorités afin d'éviter la fraude.

En tant qu'agent vous conseillez des personnes qui ont une certaine popularité, vous devez remarquer que **le degré de notoriété de votre client est directement proportionnel au degré de responsabilité sociale et fiscale qu'il doit avoir**. Par conséquent, il faut augmenter le niveau de vigilance pour ces sujets. N'oubliez pas que les personnes que vous conseillez se situent au sommet de la pyramide. Ils sont la partie visible de l'iceberg. Très souvent, ils sont la cible parfaite des autorités qui voient en ce profil l'objectif parfait pour prendre des postures exemplaires. Vous devez être particulièrement conscients de cela. Dans le cas contraire vous ne seriez pas du tout professionnel.

Prenez soin des détails et de l'image globale que vous projetez, vous et vos clients.

12. <u>GESTION DU PATRIMOINE</u>

Quand je lis des sujets comme ceux que je vais vous commenter, j'en viens à la conclusion que quelque chose ne vas pas. Que nous devons changer les choses. Et pas seulement cela. En fait, je suis de ceux qui pensent que, de façon habituelle, les personnes qui font partie de ce monde n'ont pas la moindre idée de ce qui se passe.

L'ignorance, l'égoïsme et le court-terme sont les ennemis intimes des joueurs. L'égoïsme et le court terme sont les tentations qui l'entourent. **Selon une étude de Schips Finanz, 30% des joueurs actifs sont ruinés et 50% sont ruinés quand leur carrière se termine**. Cela peut paraître surprenant pour certains, mais cela ne l'est pas du tout.

Lorsque nous parlons de joueurs de football nous parlons généralement de personnes qui à un jeune âge, passe de ne rien avoir à tout avoir. Et le fait d'avoir les poches pleines, trouble bien souvent la vision et beaucoup de joueurs perdent la perspective de vue. Le court-terme et l'hédonisme les saisit. Il est aussi mauvais de ne rien avoir que d'avoir beaucoup et ne pas avoir la moindre capacité de gestion. Habituellement, celui qui n'est pas conscient de l'effort nécessaire qu'il faut pour gagner de l'argent (parce qu'ils ont gagné beaucoup rapidement, par exemple) tend à le gaspiller de la même manière.

Le manque d'éducation financière dont font en général preuve les joueurs, n'aide pas, et cette ignorance agit comme un hameçon pour les mauvaises compagnies, qui s'auto-définissent conseillers de tout type ou investisseurs expérimentés, qui dupent les joueurs avec la seule intention de faire des affaires pour ..., mais pour eux-mêmes.

J'insisterai tout ce qu'il faut pour défendre mon point de vue personnel : même s'ils n'ont pas à être des spécialistes financiers, ni légaux, ni en droit du travail, ni même fiscaux, il est d'une importance cruciale que le joueur dispose d'une vision générale pour toutes ces questions afin d'éviter les moments désagréables qui se produisent bien plus souvent que souhaités.

Par conséquent, dans cette section, je vais essayer de vous donner un aperçu de ce que je crois être la bonne gestion, la rentabilité et vision à long terme du patrimoine. J'essaierai de ne pas être trop technique, même si parfois cela peut le sembler. Je m'en excuse à l'avance. Cependant, je pense qu'il est essentiel d'exposer certaines considérations qui ici, je suis sûr, vous seront très profitables pour la gestion d'actifs de vos clients et aussi, pourquoi pas, de vos finances personnelles.

Tout le monde est conscient que la durée de la carrière d'un athlète est très courte par rapport à d'autres carrières classiques. Vous le savez, vous et tout le monde. Cela étant, cette idée doit être ancrée dans le subconscient de tout bon consultant. Et je vais encore plus loin. Cela devrait également être marqué dans le subconscient de votre client. Choisissez la bonne façon de le faire: au "goutte à goutte" (à petites doses et de manière récurrente), où en étant lourd, comme vous le sentez le mieux. Mais n'oubliez pas que le but ultime doit être le positionnement de cette idée dans l'esprit de tous. Il est important de le faire parce que cette idée affecte tout le reste.

En ce sens, vous ne pouvez pas penser que si un joueur, par exemple, gagne deux millions d'euros par an, que ce chiffre correspond à leur revenu annuel. J'ajoute. Il est vrai que cela l'est, mais pas tout à fait. Je vais essayer d'expliquer à continuation.

Le revenu annuel d'un joueur de football, en raison de sa courte carrière, pour sa bonne comptabilisation, d'un point de vue pratique, devrait être différé dans le temps. Périodisé. L'espérance de vie chez les hommes est d'environ 80 ans. Cependant, on n'a pas encore vu de joueur actif à cet âge. Par conséquent, attribuer les revenus à l'exercice au cours duquel ils ont été obtenus peut entrer dans ce qu'on pourrait appeler de la fiction. Oui, vous avez bien entendu. Fiction. La réalité est que cela ne devrait pas être ainsi.

Avec ce livre, je n'ai pas l'intention de changer tous vos paradigmes. Rien n'est plus éloigné de la réalité. Je veux juste vous faire part de ce que je pense. Comme le souligne l'étude de Schips environ 30% des joueurs actifs sont ruinés. Vous vous demandez encore, mais comment est-ce possible si beaucoup d'entre eux gagnent des millions et les autres n'ont pas un mauvais salaire non plus? Dire cela signifie que le commun des mortels est également ruiné? Eh bien, je vais vous dire une chose. Non, cela n'a rien à voir. Mais absolument rien. **Avoir de nombreux revenus ne veut pas dire être riche!** Loin de là.

La richesse a plus à voir avec le montant que vous dépensez (et qu'il vous reste), qu'avec les revenus. La richesse a surtout à voir avec la liberté financière. C'est une question de temps. Je vais vous expliquer.

Une définition de la richesse pourrait aussi bien être le temps que vous pouvez vivre avec vos dépenses mensuelles régulières si vous cessez de travailler aujourd'hui. C'est pourquoi, dans une certaine mesure, la richesse moyenne est mesurée en jours, mois ou années. Et peut même tendre vers l'infini.

Une personne qui gagne plusieurs millions d'euros peut être pauvre. Si vous gagnez deux millions mais que vous en dépensé 2,2 annuellement, on peut dire que votre patrimoine est négatif. Même plus encore, si votre niveau de dépenses est de 1,8 vous feriez partie de la classe moyenne. Pourquoi? Parce que votre richesse serait d'a peine un mois. C'est à dire si aujourd'hui, vous arrêtiez de travailler vous auriez de l'argent seulement pour un mois en fonction de vos dépenses mensuelles. Surpris? Eh bien il y a plus encore.

L'employé normal, se comporte généralement en fonction de ses revenus. Vous pouvez gagner 1.000 et dépenser 1.200, ou 800. Mais le niveau de richesse par rapport au footballeur reste similaire, indépendamment de la grande disparité des revenus entre les deux. Il y a un autre sujet. On pourrait dire qu'au même ratio revenus / dépenses, le degré de richesse tend à être plus élevé pour une personne normale que pour un joueur pour une simple raison. Même si une personne normale courante travaille en permanence jusqu'à l'âge de la retraite (au rythme où on va, nous ne serons pas en mesure de prendre notre retraite), la vie sportive d'un footballeur s'achève vers un peu plus de 30 ans. Donc, leur revenu annuel, à la différence des revenus du commun des mortels devrait se périodisiez, c'est-à-dire ce différer dans le temps. Il s'agit d'un revenu sur une période relativement courte et cela devrait être suffisant pour le reste de ses jours.

Beaucoup de joueurs ne comprennent pas et ne veulent pas comprendre ça. Et ce qui est pire encore, beaucoup de leurs conseillers sont indifférents à cette question parce que, si leur client leur apporte un bénéfice dans le présent, qui va se préoccuper de l'avenir? Il s'agit d'un sujet propre du joueur lui-même. En tant qu'agent, vous pouvez travailler l'avenir avec de nouveaux jeunes joueurs. Beaucoup pensent ainsi. Je vous demande s'il vous plaît de ne pas faire partie de ceux-là.

Maintenant, et tout cela de faire durer le revenu, l'argent, comment cela se fait-il? Je vais essayer de vous donner quelques indices.

C'est là que vous, en tant qu'agent responsable, vous devez jouer un rôle majeur. Pour vous l'expliquer, je voudrais d'abord vous dire ce que fait l'employé commun avec ses revenus.

Pour la figure de l'employé je vais prendre comme exemple ceux qui ont tendance à la pauvreté et ceux qui pourraient appartenir à la classe moyenne.

Disons que lorsque l'employé pauvre obtient sa paie (revenu) il destine presque tout à ses frais de manutention, l'eau, l'électricité, la nourriture, les vêtements, etc. Jusque-là, j'espère que tout est parfaitement clair.

Les personnes employées qui appartiennent à la classe moyenne ont un comportement légèrement différent. Un employé de la classe moyenne quand il obtient sa paie il la destine à deux types de choses principalement. La première d'entre eux, comme les pauvres, aux dépenses destinées aux frais de manutention. Deuxièmement, aux passifs: voiture, maison, cartes de crédit, etc.

Non, non je ne me suis pas trompé. Il n'y a pas d'erreur. La maison et la voiture ne sont pas des actifs, comme tout le monde le pense. En fait, ils sont plutôt des passifs. C'est ici que réside l'importance de l'éducation financière. Et vous, en tant que bon agent que vous êtes, et afin de bien conseiller vos clients, vous devriez avoir un minimum de cette éducation.

Pour être plus ou moins clair je vous dirais, qu'à niveau pratique, et non pas comptables, **un actif est tout ce qui met de l'argent dans votre poche et un passif est quelque chose qui retire l'argent de votre poche**.

Ainsi, lorsque vous achetez une maison, ce que vous faites vraiment est l'achat d'un passif parce que cette maison vous retire de l'argent de votre poche chaque mois. Même chose avec la voiture. Lorsque vous achetez une voiture ce que vous faites est acheter un passif parce que l'emprunt de la voiture retire de l'argent de votre poche chaque mois.

Une maison n'est un actif que lorsqu'elle vous apporte un flux de trésorerie supérieur à ses dépenses. Autrement dit, lorsque vous achetez une maison et vous la mettez en location, votre maison sera un actif, car elle vous permet de mettre de l'argent tous les mois dans votre poche, tant que la différence sera positive entre ce que vous gagnez grâce au loyer et les charges que ces biens supposent. De même, une voiture sera un atout si vous la louez et obtenez un revenu régulier supérieur aux dépenses engagées.

Une maison avec un emprunt et non louée sera toujours un passif. Les gens peuvent dire que c'est un actif parce que vous pouvez la vendre. Mais ce qui est certain, c'est que tant que l'emprunt demandé est fixe et immuable, le prix du bien peut fluctuer. Ainsi, vous pouvez courir le risque d'être dans une situation économique à la baisse et être forcé de vendre la maison. Dans ce cas, il existe le risque d'obtenir un montant inférieur à l'obligation acquise à l'époque. Avec le point supplémentaire que lorsque vous signer un prêt hypothécaire vous pouvez vous attendre à payer le double du prix de la maison en fonction des intérêts à payer. Il faut être prudent avec ça.

Quand une personne de classe moyenne achète un logement, en général il le fait par le biais d'un emprunt hypothécaire, et pour vivre dedans. Par conséquent, c'est un passif car cela ne génère pas de flux de trésorerie positif pour votre poche. La même chose se produit avec la voiture et d'autres articles de luxe que les joueurs acquièrent habituellement comme des vêtements de grandes marques, montres, etc.

Par conséquent, comme je vous ai commenté, une personne de classe moyenne utilise son salaire mensuel pour payer ses coûts quotidiens et acquérir des passifs vu que ses acquisitions ne mettent pas d'argent dans ses poches, mais le retire.

Quelle conclusion peut-ont faire de tout cela? Et bien on peut dire que ces personnes ne seront jamais riches. Non pas à cause de leur niveau de revenu, qui peut être très élevé, mais à cause de leur paradigme financier et de leur structure de dépenses. Peu importe ce qu'ils gagnent ils sont à quelques mois de la faillite, parce que plus le niveau de revenu est haut plus celui des dépenses l'est aussi. Nous en revenons toujours au même. C'est une erreur de penser que les problèmes financiers se résolvent avec plus de revenus. En fait, c'est souvent le contraire, ils empirent.

Le simple fait de que presque tout le monde se trouve à quelques mois de la faillite signifie que presque personne ne dispose de liberté financière. C'est-à-dire, que presque personne ne se trouve dans la position de ne pas avoir à s'inquiéter de savoir d'où son prochain euro va sortir. Beaucoup sont tenus de travailler pour l'argent, au moins jusqu'à la retraite (s'il est possible de prendre sa retraite). Je dis au moins car une chose est l'âge légal de la retraite et l'autre est l'âge réel. Il est inutile que l'Etat me dise que je peux prendre ma retraite à 67 ans si avec la pension que je vais recevoir, je pourrais à peine vivre. C'est-à-dire, je vais devoir trouver un autre emploi, même à temps partiel pour compléter ma retraite. Si non, cela sera difficile.

Nous avons donc, d'un côté, les employés habituels qui dépensent plus qu'ils ne gagnent, ou presque tout ce qu'ils gagnent, et en plus ils dépensent en passifs. De l'autre, nous avons les joueurs qui, malgré le fait que bien souvent ils gagnent bien plus qu'un employé normal, ils utilisent également leur revenu pour l'acquisition de passifs (les innombrables voitures en sont un clair exemple). Avec une richesse d'à peine quelques mois et avec un facteur aggravant important: à partir d'un certain jeune âge ils cesseront de gagner ces montants, ils auront encore toute la vie devant eux, et si personne n'y a remédié ils auront acquis des habitudes de dépenses incontrôlables qui les conduira à la faillite. Nous pourrions même conclure qu'ils sont dans une pire situation.

J'espère que vous voyez maintenant plus clairement où je veux aller. Dans les lignes qui suivent, je vais vous expliquer ce que je crois que vous devriez faire, en général, et en ce qui concerne le conseil footballistique, en particulier.

Afin de permettre autant que possible que les joueurs puissent vivre de leurs revenus obtenus tout au long de leur vie sportive, je pense qu'il faut faire ce qui suit.

D'un côté, et le plus facile, est de convaincre le joueur d'être professionnel dans **le soin de sa personne**, en ce qui concerne l'alimentation, le repos, avec l'objectif d'étendre autant que possible ce flux de revenus extraordinaires (pour leur montant). Ce n'est pas la même chose si votre client prend sa retraite à 28 ans qu'à 40 ans. Et sinon, demandé à Paolo Maldini. C'est une bonne question, mais ce n'est pas la seule.

De l'autre, vous devrez travailler avec les joueurs pour une **bonne planification financière**. L'objectif n'est autre que le joueur puisse disposer d'une liberté financière une fois qu'il a laissé le football et qu'il se soit retraité.

Pour cela il est essentiel de savoir d'où viennent les revenus, que nous investirons ou dépenserons ensuite. Le plus souvent, l'argent que nous dépensons ou investissons provient de notre source habituelle de revenu, ou ce qui est la même chose, du salaire. Pour les joueurs c'est la même chose. Les quantités changent mais pas le modèle. Nous pouvons dire qu'aussi bien les employés normaux, que les joueurs dépensent ou investissent l'argent qui provient des revenus dérivé de leur travail "actif".

Qu'est ce que je veux dire par travail actif? Je me réfère aux revenus pour lesquels vous êtes nécessaire pour les générer. Un employé, pour recevoir un salaire doit aller à son poste de travail et travailler. Un joueur, pour recevoir son salaire doit aller s'entraîner et jouer les matchs. De la même manière, en termes publicitaire, pour recevoir un revenu d'une campagne publicitaire, un joueur doit assister et enregistrer le spot correspondant. C'est ce que je veux dire par revenu actif. Vous devez être présent pour le toucher.

Ces revenus ne vous donneront jamais la liberté financière que nous poursuivons en tant que bons agents. Ni pour l'employé traditionnel, ni pour le footballeur. Un jour, le joueur cessera de jouer et alors que se passera-t-il? Et alors d'où génère-t-on les revenus?

Il est très probable que vous soyez en train de penser que le joueur a peut-être investi (faut-il encore voir quel type d'investissement, mais ça c'est une autre histoire), ou pourrait à l'avenir vendre quelques propriétés qu'il pense être des actifs, mais comme je le commentais avant cela peut l'être ou pas.

Si vous achetez un logement en pensant que le prix augmentera avec pour objectif de le vendre plus cher et ainsi obtenir un gain. Très bien. Tout le monde le fait en fonction de ses possibilités. Nous appelons cela gains de capitaux. Il s'agit d'un bénéfice extraordinaire d'un montant concret et ponctuel. Mais ce n'est pas ce que moi je rechercherais.

Moi, je préfère de loin, et j'espère vous convaincre, ce qui est communément appelé flux de capitaux. Quelle est la différence entre les gains de capitaux et les flux de capitaux? Comme je l'ai commenté lors de la vente d'une propriété une plus-value pourrait être un gain en capital. Acheter pas cher. Vendre cher. J'obtiens un bénéfice.

Toutefois, si au lieu de vendre la maison avec l'intention d'obtenir une plus-value, vous la louer pour obtenir une rente, cette rente serait alors ce que nous appelons un flux de capital (cash-flow). Et ce flux sera positif si le loyer dépasse les coûts de la propriété (emprunt, assurance, réparations, versements impayés, etc.)

Cette seconde option me semble beaucoup plus intéressante. Vous ne trouvez pas? Pourquoi? Parce que, tout d'abord, si vous louez un logement, il existe toujours la possibilité d'un gain en capital dans le futur. Cette option ne supprime pas l'antérieur. Ensuite, et c'est ce que je trouve le plus intéressant, le revenu du loyer est un revenu «passif».

Qu'est-ce qu'un revenu passif? Eh bien contrairement au revenu actif, **un revenu passif est un revenu que vous obtenez de manière récurrente et indéfinie sans que vous n'ayez à aller travailler.** Lorsque vous louez un logement, vous obtenez un revenu chaque mois sans avoir à travailler. Au début, vous devrez travailler pour louer le logement, mais une fois loué, le revenu vient seul et de façon récurrente. De la même manière se comportent, les royalties sur les droits d'auteurs de livres, musique, chansons, etc. Un travail initial plus ou moins important est nécessaire, mais une fois fait, le revenu est perçu que vous travailliez ou pas, que vous soyez présent ou non, que vous soyez dans un pays ou un autre, ou même si vous êtes à la plage. Le revenu passif peut s'obtenir 24 heures 24, 365 jours par an.

En fait, c'est le seul moyen d'obtenir la liberté financière. Grâce aux revenus passifs. Et pas grâce aux revenus actifs. Vous aimez certainement votre travail et obtenir des revenus actifs. Très bien. Mais vous n'obtiendrez jamais la liberté financière car ces revenus dépendent de votre performance, et vos efforts ont une limite comme l'ont les jours. Il reste encore à inventer la journée de plus de 24 heures. Par conséquent, **vous aurez la liberté financière lorsque vos revenus passifs dépasseront vos dépenses.**

Vous voyez de plus en plus clairement quel est le secret? Il ne s'agit pas d'avoir de gros revenus. Au contraire, il s'agit d'être conscient des dépenses et de la façon dont sont générés les revenus. Et de comment vous vous décidez à les obtenir. Grâce à votre propre activité: revenu actifs, ou grâce à vos actifs: revenus passifs.

Ces revenus passifs génèrent des flux de trésorerie récurrente et potentiellement infinis. Les revenus passifs s'obtiennent grâce à des actifs. Un actif est une entreprise, un livre, une chanson, des actions, etc. En bref, tout ce qui vous met de l'argent dans votre poche. Il ne s'agit pas de la quantité qui entre dans votre poche, sinon ce qui provoque cette entrée d'argent.

Pour que votre client obtienne sa liberté financière il doit être en mesure d'obtenir des revenus passifs générant des flux de trésorerie permanent et récurrents. Et cela n'est pas possible sans actifs. Par conséquent, **vous devez collecter des actifs. Qui vous génèrent des revenus, des flux de trésorerie.**

Mais ce qui se passe habituellement, c'est que les gens ont tendance à ne pas se concentrer sur l'acquisition ou la création d'actifs. Ils destinent leur revenu provenant de leur travail actif aux dépenses ou à l'acquisition de passifs qui se traduit à son tour en plus de dépenses. Beaucoup de gens semblent avoir de l'argent, mais en réalité ils sont plus pauvres que les pauvres eux-mêmes. Beaucoup de gens achètent des passifs de luxe comme des yachts et des voitures, par le crédit, qui en fin de compte augmentent leur dette et leur revenu sera destiné à rembourser en permanence cette dette.

Ce que je vous recommande de faire, vous et vos clients, c'est qu'au lieu d'acheter des choses, impliquant de simple frais, c'est d'acquérir des actifs avec les revenus obtenus. Les actifs qui génèrent des flux de trésorerie. Des rentes. Qui génèrent des revenus passifs. Avec les revenus passifs que vous obtenez, destiner une partie aux dépenses conventionnelles et économiser le reste pour le destiner à son tour à l'investissement dans de nouveaux actifs qui génèrent de plus en plus de flux et de revenus passif. Et ainsi de suite. Les luxes viendront plus tard. **Il est important de d'abord générer un flux de revenu passif qui permet de vous offrir vos caprices. Et pas avant.**

Si vous réussissez à ce qu'à mesure que votre client encaisse l'argent de son activité sportive, plutôt que de le destiner à acquérir des passifs (comme des automobiles et luxe inutiles) se centre sur la collecte d'actifs qui génèrent des flux de revenus passifs, partie desquels vous pouvez réinvestir en d'autres actifs, vous parviendrez à ce que votre client ait la possibilité d'acquérir des luxes avec les revenus générés par leurs actifs grâce à des flux de trésorerie, et pas avec leur revenu provenant de leur activité sportive. C'est alors seulement qu'il pourra acheter des luxes sans compromettre leur liberté financière. Et ce sujet pourrait s'appliquer à tout le monde. Le contraire serait pain pour aujourd'hui, disette pour demain.

Nul ne peut être riche, en fonction de l'argent qu'il gagne, si son revenu dépend uniquement de son travail actif car ces revenu sont limités et ont une date d'expiration. C'est ce que beaucoup de joueurs ne comprennent pas ou ne veulent pas comprendre. Et ce que beaucoup de conseillers, qui rôdent autour d'eux par intérêt, ne comprennent pas non plus ou ne veulent pas leur transmettre. Pour que notre client, obtienne sa liberté financière après son étape sportive le seul chemin existant est celui que je viens de vous expliquer. Il n'y en a pas d'autre. Maintenant, vous le savez.

Vous devez également porter une attention particulière aux actifs dans lesquels votre client investit. Ne pas investir dans ce que nous ne connaissons pas. Beaucoup de joueurs perdent d'énormes quantités d'argent attirés par le chant des sirènes et se mettent dans des investissements risqués et inconnus. Ils se fient juste de ce qu'on leur dit. Comme ils ne s'y connaissent pas, ils sont tenus de croire tout ce que leur disent leurs personnes de confiance. Ensuite il faut obtenir la confiance du joueur peu importe le prix, c'est la clé pour tout le reste. Malheureusement, l'ignorance a toujours un impact négatif sur les personnes innocentes. Et là où ça fait le plus mal: le portefeuille.

13. <u>RETRAITE FOOTBALLISTIQUE</u>

Pour le footballeur, le concept de retraite est quelque chose qui lui provoque un vrai vertige. Peu de joueurs sont à l'aise à l'approche du "bord du précipice". La retraite est quelque chose que tout joueur préfère ignorer, comme si elle n'existait pas. C'est l'une des principales raisons de l'auto-tromperie. Mais la nier ne veut pas dire qu'elle n'existe pas. Et cette peur ne devrait pas exister. Je pense qu'elle est présente que parce que les choses n'ont pas été faites correctement en avance.

Il est vrai que l'inconnu provoque une certaine anxiété. N'est-ce pas ? Cependant, je crois que la peur de la retraite provoquée chez tout joueur, implique une certaine appréhension au détachement de toutes ces choses propre à la profession, et que le joueur peut perdre. Je peux arriver à le comprendre. Mais il n'y a aucune raison pour que ces choses disparaissent.

Se retraiter du football devrait uniquement supposer cesser de taper dans un ballon, mais les avantages économiques devraient se poursuivre. Il ne devrait pas en être autrement. Si les choses, financièrement parlant, ont été bien faites tout au long de la carrière sportive du joueur, la liberté financière devrait être absolument garantie. De même que les caprices, pourquoi pas.

Pour bannir la peur de la retraite de tout joueur, il faut, tout d'abord, examiner les paragraphes antérieurs à celui-ci, concernant la planification financière. Et ensuite, éloigner de notre façon de penser, la croyance que notre bien-être durant la retraite dépend directement de ce que nous avons été capables d'économiser. Cette pensée est très commune dans le monde entier. Que vous soyez joueur ou pas d'ailleurs.

Je vais faire un plaidoyer en faveur de la dette. Quand je dis que les gens associent retraite et capacité d'économiser, ce dont nous parlons en réalité est de capital. L'épargne est un capital. Capital pur. Le problème avec le capital, c'est qu'il est ce qu'il est. Pas plus. Et les gens ont des sueurs froides pour lui. Pas vous?

Je vais opposer la dette avec le capital. Continuez votre lecture et vous verrez pourquoi.

J'ai parlé de liberté financière, de revenu passif, de ce qu'est un actif ou un passif, de flux de capitaux, etc. En tant que conseiller de joueurs vous devez être financièrement intelligent. Sinon et si vous ne vous l'appliquez pas, comment voulez-vous que quelqu'un d'autre ait confiance en vous?

Comme je l'ai dit, une bonne planification financière tout au long de la carrière sportive du joueur de football consiste à comprendre qu'un joueur qui gagne beaucoup d'argent devrait destiner l'argent qu'il gagne à investir dans des actifs qui génèrent des flux de capitaux passifs récurrents et infinis. Une fois le flux généré viendra le luxe. Il n'est pas question d'avoir des revenus. La clé est de savoir d'où vient l'argent et combien de temps dureront ces entrées d'argent! C'est la clé. J'espère que peu à peu vous me comprenez.

Si vous dépensez en luxes l'argent que vous recevez pour votre fichage, vos luxes dureront le temps de votre prime de fichage. Toutefois, si l'argent que vous dépensez en luxes provient d'un flux passif de capitaux passif et infinis, vous pourrez maintenir les mêmes luxes aussi longtemps que la source du revenu. Autrement dit, indéfiniment. Avez-vous compris comment ça marche?

Et pourquoi est-ce que je vous parle de dette vs capital? Parce que si vous faite ce que je vous ai expliqué, et si, par exemple, vous avez investi dans l'immobilier locatif, qui vous proportionne un certain nombre de flux de capitaux passifs qui ne sont pas limités dans le temps, vous n'aurez aucun problème pour avoir droit au crédit. C'est-à-dire, que vous ne dépendez pas uniquement de vos capitaux propres, de l'épargne, parce que vous générez des revenus passifs, et de plus, vous irez ira à la banque et ils se feront un plaisir de vous prêter de l'argent ... parce que vous avez des actifs! C'est ce que j'appelle une bonne dette à acquérir.

Certains se demanderont, pourquoi acquérir de la dette? Et bien parce qu'il existe des bonnes dettes et des mauvaises dettes. Tout dépend de l'éducation financière que vous avez. **La mauvaise dette est celle que vous payez vous-même, et la bonne dette est celle que paient les autres**. Vous voyez? En tant que joueur, vous commencez avec un fichage important que vous destiner aux actifs qui génèrent des flux de capitaux passifs, vous dépensez une partie de l'argent de ces flux dans ce que vous voulez et le reste vous le réinvestissez dans d'autres actifs qui génèrent encore plus de flux. Lorsque le joueur prend sa retraite, son flux de trésorerie sera assuré indéfiniment grâce aux actifs collectés. Actifs, qui d'autre part, donnent une confiance absolue à votre banque qui vous prête encore plus d'argent pour investir dans d'autres actifs qui génèrent de nouveaux flux de capitaux positifs, c'est à dire, qui vous donne une plus-value après déduction faite des frais liés à l'acquisition. Et ainsi de suite. J'espère qu'il y en aura encore plus.

Alors, pourquoi se limiter seulement à économiser? Pourquoi prendre sa retraite avec son propre argent quand vous pouvez vous retraitez avec l'argent d'un autre en acquérant de la bonne dette? Profitez de l'effet de levier, c'est-à-dire, de la capacité de faire plus avec moins. L'économie est définie et ne donne pas de sécurité aux banques. J'espère que j'ai été clair sur ce point. Donc, si une fois retraité, les banques continuent à vous prêter de l'argent cela signifie que vous avez bien fait les choses. Et si vous acquérez de la dette, assurez-vous qu'il s'agit bien de «bonne dette».

En tant que grand agent que vous êtes, vous devez montrer l'exemple. Ne vous limitez pas aux conseils faciles. Les gens croient ce qu'ils voient en vous, pas ce que vous leur dites.

PARTIE III. CE QU'UN AGENT DE FOOTBALLEURS DOIT SAVOIR

Un agent de joueur ne peut pas être ignorant. Je vous demande vraiment de ne pas l'être. Nombreux sont ceux qui sont attirés par ce business parce qu'ils croient que cela va être de l'argent facile. Ils ont tout faux. La formation pluridisciplinaire doit être aussi large que possible, même si vous devrez ensuite recourir à des personnes bien plus expertes que vous dans différents domaines. Il est important que vous vous mettiez cela dans la tête.

Vous devez savoir, connaître, vous former, être dans le coup. Vos clients vous font confiance et vous ne pouvez pas les décevoir. Vous devez connaître les différentes possibilités qui peuvent se produire et savoir les gérer. Sans oublier que vous allez voir tous les regards se tourner vers vous en cas d'imprévus. C'est comme si vous étiez le sac de Mary Poppins. Vous vous souvenez du film? Au lieu de sortir des objets d'un sac à l'infini, vous devez sortir des solutions avec la même fluidité que celle de Mary Poppins quand elle sortait des gadgets de son sac de voyage. Si vous le faites, vous serez un agent "supercalifrajilisticoespialidoso". Vous pouvez en être sûr.

Vous devez vous spécialiser, si. Mais vous devez le faire dans l'activité que vous allez réaliser. Dans votre client potentiel. C'est ça être agent ou représentant de footballeurs. Il est très fréquent de trouver une foule de personnes qui sont officiellement agents de joueurs, mais qui ne sont pas vraiment concentrés sur cette activité. Cependant, dans cette activité, dans cette spécialisation, il faut avoir une formation de base aussi large que possible. Multidisciplinaire d'un point de vue «économique-juridique-footballistique".

Il est vrai, que les débuts ne sont pas faciles (je ne vous apprends rien), mais ces débuts compliqués dureront, ou pire encore, n'arriveront pas à leur fin si vous ne vous concentrez pas sur cette activité. Pour être agent il ne suffit pas d'aller voir une série de matches pendant votre temps libre, de voir de bons joueurs et de leur parler ou à leurs parents. Il y a un peu de cela mais ce n'est pas suffisant. Si vous voulez vraiment être un agent, il faut vous compromettre. Mentalisez-vous, cette profession est une course de longue distance. D'endurance. Vous devez être conscient de cela. Sinon vous vous tromper vous-même.

Vous ne pouvez devenir agent au cas où. Certains se consacrent à leurs fonctions et ensuite ils "se mêlent" en tentant leur chance et obtenir quelque chose. Je pense que cela n'a pas de valeur ajoutée et que cela génère le discrédit de la profession. Au sens figuré, c'est comme si dans un transfert d'eau d'un point à un autre, il y avait un certain nombre d'agent en attente de ramasser les gouttes d'eau qui peuvent tomber. Être un bon agent signifie avoir un rôle actif dans la création du transfert. Et pas seulement dans la création, il faut aussi être une référence et pouvoir dire à quel moment et dans quelle mesure ce transfert devrait se faire. Vous me comprenez?

1. <u>**DO YOU SPEAK ENGLISH?**</u>

Je vous ai parlé de l'effet de levier. Et je l'ai défini comme la capacité de faire plus avec moins. Vous voulez un exemple? En voilà un: David et Goliath. Pour vaincre Goliath, David a également dû utiliser l'effet de levier. Il devait en faire plus (le battre) et le faire avec un désavantage, parce que David était moins volumineux que Goliath. Cependant, David l'a battu. Comment a-t-il fait? En utilisant une fronde! Il l'a fit tourner pour qu'elle prenne de la vitesse lors du lancement. Un effet de levier!

Dans le monde financier l'utilisation tu terme effet de levier est très courant (effet de levier financier). Pour que vous ayez idée de ce dont il s'agit, je vous dirais qu'il s'agit d'obtenir un profit en utilisant des fonds empruntés. Un exemple. Commencez par vous mettre en situation. Imaginez que vous voulez investir dans une propriété pour la louer ou la vendre plus tard. Si vous utiliser l'effet de levier, avec une entrée et l'acquisition d'un prêt bancaire, vous pouvez faire face à l'investissement, pour ensuite obtenir une rentabilité. C'est l'effet de levier. Utilisation de fonds empruntés (d'argent de la banque) pour obtenir un bénéfice. Sans effet de levier il serait beaucoup plus difficile de faire face à cet investissement, et donc d'obtenir sa rentabilité future. Suis-je clair?

Un autre exemple de l'effet de levier est la technologie. Internet est un clair exemple. Vous pouvez faire beaucoup avec très peu d'efforts et en très peu de temps. Voir le cas du courrier électronique, par exemple.

Et que dire des langues? On pourrait dire que la connaissance de langues peut être comprise comme une autre sorte d'effet de levier? Bien sûr! Si vous pensez, ce que vous appelez "l'effet de levier linguistique". Si vous ne parlez qu'une langue, le français, par exemple, vous limitez votre public cible. Tout sera limité à ceux qui parlent votre langue, alors que des murs se formeront avec ceux qui ne la parlent pas. Et que ce passe-t-il si en plus du castillan vous parlez anglais? Eh bien, en apprenant une langue de plus, votre public cible augmente considérablement. Entre 300 et 400 millions de personnes parlent l'anglais en tant que langue maternelle! Imaginez l'augmentation de personnes auxquelles vous pouvez accéder en apprenant une unique langue de plus. Et si vous appreniez le chinois? Imaginez. Je pense que c'est clair, non?

Avec les langues, nous pouvons maximiser le rapport coût/bénéfice, et quand je dis coût je veux dire, en général, à la fois le coût économique comme le coût de l'effort. Donc, éviter d'être un "amputé linguistique" (comprenez mon expression, je ne veux pas manquer de respect à qui que ce soit). Retirer la paresse et apprenez des langues. Dans un monde si globalisé comme le football, apprendre des langues est fortement conseillé et souhaitable. Mais connaître l'anglais est basique. Comme dans tous les milieux, aujourd'hui, il est crucial de connaître l'anglais. Cependant, je vous recommande fortement de ne pas vous en tenir là et d'apprendre des langues dans la mesure de vos possibilités. Pour moi, en tant qu'agent, cela m'a beaucoup aidé. Même plus, cela me semble prioritaire. Je ne peux pas imaginer le développement de cette activité sans connaître l'anglais.

2. <u>DISCRÉTION</u>

"Aie plus que tu ne montres, parle moins que tu ne sais".
William Shakespeare

Soyez raisonnable. Appliquez le sens commun. Prudence et discrétion sont les plus grands actifs intangibles qu'un agent peut avoir.

Nombreux sont les agents débutants qui rendent public et proclament sur les toits tout ce qu'ils ont entre leurs mains. Pourquoi? Pour un mélange explosif de manque de confiance en soi d'ego. L'estime de soi est le gardien de l'ego. Elle sait quand il faut laisser l'ego sortir et quand il ne le faut pas. Sans estime de soi, l'ego est libre. De plus, comme un bon narcissique l'ego aime être vu. Sortir. Et quand il le fait il utilise l'imprudence et l'indiscrétion.

Quand je vois un agent qui, sans y être invité, c'est à dire, de sa propre initiative, ne fait que parler de ses vertus et capacités, de grandes opérations et de ses bons contacts, je ne fais que de me répéter les mots de l'historien Anglais Thomas Carlyle: ***"Qui ne peut pas garder ses pensées pour lui, ne pourra pas faire de grandes choses."***

Et c'est que le ***"la discrétion des mots vaut plus que l'éloquence"*** (Francis Bacon). Et les grands agents comme vous devriez le savoir et le mettre en œuvre. Ayez donc de l'estime en vous et mettez-vous au travail. Activez votre propre "Jiminy Cricket" à chaque fois que l'ego veut sortir. La discrétion et la prudence sont des valeurs à la hausse. Propres des gens capables, instruits et avec grandeur d'âme. Pratiquez la discrétion. Vous ne le regretterez pas.

3. **L'AGENT ET LA FORMATION DU FOOTBALLEUR**

Ne rendez vos clients absolument dépendants. Dans mon cas, l'un de mes principaux intérêts est de leur permettre de voir que, bien qu'ils disposent de mon aide et de mes conseils, ils ne devaient pas oublier leurs affaires.

Il convient qu'ils ne négligent pas tout ce qui les concernent et ce qui les entourent. Y compris leurs business. Cela ne signifie pas qu'ils doivent s'y mettre de plein pied. Cela signifie qu'en dépit de ne pas faire eux-mêmes les choses, ils devraient être conscients du pourquoi des choses. Ils devraient connaître leur situation patrimoniale à tout moment. Et pour cela il est recommandable que dans la mesure du possible, ils apprennent et se forment sur les questions qui les concernent directement. C'est bien de déléguer, mais pour déléguer il faut savoir suffisamment pour savoir ce qu'il faut déléguer et comment le faire.

Vos clients ont besoin d'avoir et de se forger un critère. Le présent et l'avenir de votre client peuvent ne pas être dans les mains de ce que certains choisissent pour eux. Ils doivent avoir la capacité intellectuelle pour pouvoir avoir leur mot à dire sur ce qui les concerne. S'il n'en est pas ainsi, ils seront perpétuellement condamnés à ne pas avoir le contrôle. Rien ne dépendra d'eux. Tout simplement parce qu'ils ne comprennent rien de ce qui n'est pas strictement leur profession. Et ça, ce n'est pas bon.

La confiance placée dans une autre personne doit être basée sur son propre critère. Si ce n'est pas le cas, la confiance sera déterminée par ce que d'autres vous ont dit que vous deviez faire. C'est un fantastique bouillon de culture où ceux qui disposent de l'information et des connaissances, ainsi que de mauvaises intentions, peuvent faire ce qu'ils veulent.

Méfiez-vous donc de votre propre ignorance et de celle de vos clients. Convertissez-les en des personnes intéressées. Bien qu'il ne le soit seulement en ce qui concerne leurs intérêts. Ce n'est pas une tâche facile, mais ne pas essayer relèveraient de ce qu'on pourrait appeler l'irresponsabilité professionnelle. Une façon d'aborder la question serait de capturer leur attention en leur montrant les avantages d'être au courant de ce qui les entoure et d'apprendre ce qu'il faut pour cela. Sinon, on peut toujours se référer à la possibilité de perte. Sujet qui ne fait aucun doute, vous permettra de capturer son intérêt. L'intérêt est la deuxième étape, après l'attention, nécessaire au moment d'être persuasif.

PARTIE IV. CONCLUSIONS

Comme vous vous en serez rendu compte tout au long de ce livre, j'ai essayé de le démarquer de ce qui serait un livre habituel sur les agents de joueurs. Je ne sais pas si j'ai réussi. Si vous avez fait tout ce chemin, je vous remercie.

Je ne voulais pas vous saouler avec une série de réglementations et de questions objectives. Ce n'est pas ce que je recherchais car il existe déjà de nombreux livres et documentation facilement accessibles.

Avec ce livre, je voulais entrez sur le terrain. Me mouiller. Vous donnez ma version particulière de ce qui se passe au quotidien de la profession. Transmettre les éléments essentiels, importants, auxquels vous devriez accorder une attention particulière. J'ai voulu vous raconter ce qu'est cette profession au-delà des formalités. Les formalités ne sont que des formalités. J'ai voulu ajouter mon grain de sel. Vous faire participer de mon expérience, de ce qui à mon opinion sont les compétences minimales que devraient avoir tous ceux qui s'intéressent à cette profession.

Il existe bien sûr des questions techniques et des règles claires, mais ce n'était pas mon intérêt de les traiter ici. Cela n'apporte pas de valeur ajoutée. C'est ce que c'est. Il s'agit de mon expérience personnelle. J'espère vous l'avoir apporté. Je serais satisfait si vous avez pu collecter une ou deux idées qui vous seront utiles.

Twitter: @PaulFraga

www.futbolydineroresponsable.com

www.ingramcontent.com/pod-product-compliance
Lightning Source LLC
Chambersburg PA
CBHW051733170526
45167CB00002B/923